光尘

LUXOPUS

HOW TO TELL STORIES TO CHILDREN

讲道理不如讲故事

[美] 约瑟夫・萨洛西
[美] 西尔克・罗斯・韦斯特　著
曹井香　译

中信出版集团 | 北京

图书在版编目（CIP）数据

讲道理不如讲故事 /（美）约瑟夫 · 萨洛西，（美）西尔克 · 罗斯 · 韦斯特著；曹井香译 . -- 北京：中信出版社，2021.11

书名原文：How to Tell Stories to Children

ISBN 978-7-5217-3533-8

Ⅰ . ①讲… Ⅱ . ①约… ②西… ③曹… Ⅲ . ①家庭教育 Ⅳ . ① G78

中国版本图书馆 CIP 数据核字（2021）第 186532 号

讲道理不如讲故事

著者：　[美] 约瑟夫 · 萨洛西　[美] 西尔克 · 罗斯 · 韦斯特

译者：　曹井香

出版发行：中信出版集团股份有限公司

（北京市朝阳区惠新东街甲 4 号富盛大厦 2 座　邮编　100029）

承印者：　天津丰富彩艺印刷有限公司

开本：787mm × 1092mm　1/32　　印张：6.5　　字数：97 千字

版次：2021 年 11 月第 1 版　　印次：2021 年 11 月第 1 次印刷

京权图字：01–2021–4618　　书号：ISBN 978–7–5217–3533–8

定价：59.00 元

献给地球上的所有孩子

对隐形力量的虚幻信仰……远比真实的信仰更能激励行动。

——布雷恩·博伊德，《论故事的起源》

（*On the Origin of Stories*）

目 录

序　言

孩子可以唤醒我们讲故事的潜力。在小宝宝还没出生时，你就可以开始给他讲故事了。你开始跟这个神秘的小生命说话，渴望看看他，想要摸摸他。你一点点地给孩子介绍这个世界，用轻柔的话语和他交谈，帮他奠定语言的基础。你的声音能帮助宝宝感知方位，让他知道他很安全，这就是孩子最先听到的故事。很快，孩子开始蹒跚学步，探索家里的每一个角落，而你的逐一介绍其实就是一个个小故事，让这些普通的旧物绽放新的光彩。

当孩子说“给我讲个故事吧”，其实他想要的不是故事，而是你的关注。这不是一个随便的请求。孩子的信任是一份珍贵的礼物，如果我们能明白他的言外之意

（他想要建立联系……而且是和我！），我们通常会敞开心扉与他沟通。这是一个与孩子建立亲密关系的好机会。从这些时光里流淌出的故事如此简单，却又那么亲密而深刻，让人终生难忘。

但有时我们真的是疲惫不堪。忙碌地工作了一整天，又和伴侣吵了一架，午餐只有一个能量棒和一杯咖啡，到了晚上，就再也没有一丁点兴致给孩子讲故事了。这时你感觉讲故事就像是工作，只会分散你有限的精力和消耗你的创意。

一要讲故事，我们就很容易感到疲惫和恐惧。我们是真的累，而且周围还有像迪士尼、漫威和 J. K. 罗琳这样的行业巨头，我们自己讲的故事怎么能与之比肩呢？我们该跟他们比吗？也许把故事留给专家来讲，日子会更轻松呢！

如果讲故事关注的只是故事，这种想法也没什么问题，但是研究表明（你自己肯定也会发现），讲故事更注重的是讲的人与听的人之间的联系，也就是你和孩子之间的联系。这么一想，讲故事就会变得简单一些、有意思一些了。讲故事可以巧妙地表达你对孩子的关爱，有助于建立你与孩子之间的亲密关系。

你还能回想起爸爸妈妈、爷爷奶奶或者老师给你讲故事的时候吗？大多数人都能够回忆起那些愉快又温馨的时刻。可能你还会记得故事的部分内容，比如一些主要人物，但你更有可能记得当时的感觉——你感受到了关爱，感受到自己已经拥有并且值得拥有这位慈爱的长辈的关注。

这就是本书要讲的——不是讲那些能拍成卖座大片的故事，而是只讲简单的故事，讲能增进你和孩子之间的亲密关系并让彼此都终生难忘的故事。为了实现这一目标，我们将分享一些关于讲故事的科学知识，并分享一个我们用了 30 多年的简单方法。其实，这个方法的使用时间比那些科学理论诞生的时间还要早得多（早约 6 万年），而我们只是把它用更加简单易懂的话讲述清楚。通过完成书中的练习和阅读故事范例，你定能掌握此法。我们相信，等读完这本书，你会更加自信。为什么？因为你本来就很会讲故事，只是你还没意识到而已。

当孩子说“给我讲个故事吧”，其实他想要的不是故事，而是你的关注。

给孩子讲过故事的人都会了解到一个简单的事实：故事讲完的结果并不只是你讲了一个好故事而已，而是你和孩子的关系更亲近了。医生将其称为“依恋”，这在育儿领域很流行。但依恋是一种奇特的、反复无常的关系。据《今日心理学》报道，40%的美国儿童没有与父母建立健康的依恋关系，因此这些儿童在成年后也很难建立健康的人际关系。

依恋理论的主要原理是：孩子小时候和一位或几位家长建立健康的纽带，有利于他日后形成健康的人际关系。人际关系对我们这样的社会生物来说至关重要，因为健康的人际关系能带给我们想要的结果，比如学业有成、事业成功、心理健康和自尊自爱等。

相反，童年未能建立健康依恋关系的孩子，在成年后往往会形成糟糕的人际关系，导致学业困难、事业不顺，进而出现焦虑、愤怒、逃避等各种异常行为。

然而，我们需要重视的一点是，不要把依恋等同于关爱。父母爱孩子，却没能创造出健康的依恋感是很正常的，甚至是很普遍的，这与我们的现代生活方式有很大的关系。电子产品和繁忙的日程逐渐成为父母和孩子生活中的主旋律，这就是我们想要帮助亲子面对面地交流以改变现状的原因。

讲故事是一种古老而有效的方式，现代科学也给了我们一些关于讲故事为什么这么有效的有趣见解。讲故事最突出的优点就是自由灵活又非常自然，它与每个家庭的信仰、社会和文化价值观念相契合。你不需要别人告诉你怎么讲故事，正如你不需要别人告诉你怎么走路一样，只需要直接做就行了。讲故事是人类的本能，与生俱来。

人类学家已经研究讲故事几十年了，他们发现，最会讲故事的往往是社会地位显赫的人。放眼现代世界，情况也差不多。现代故事是个大产业，通常以电影、书籍、音乐和电子游戏等方式来讲述。创造和诠释故事的作家和演员成了我们心中的大英雄和大名人。

但是在家里，讲故事仍然占有独特的地位。它不仅能够建立依恋关系，还能够像瑞士军刀一样成为父母的多功能工具，帮助孩子学习新技能，发展同理心，缓解悲伤情绪，并从生活的种种挑战中发现意义。然后你会发现，讲别人的故事和讲自己的故事是截然不同的。

你本来就很会讲故事，

只是你还没意识到而已。

你可以把它想象成一罐成品番茄酱和自制番茄沙司的区别。讲故事的老手会就近取材，比如从园子里摘些西红柿和香菜来编故事，这样的故事不仅有意思，而且是为孩子量身定制的。

本书中，我们列举了直观型讲故事法的关键要素，以便你直接从自己和孩子的生活环境中即兴创作。我们是父母，也是老师，讲过成百上千小时的故事，但这本书不是告诉你如何讲述别人的故事，而是告诉你如何讲述你自己的故事。

这是因为，从本质上来说，讲故事是一种关系的构建。我们曾见证故事可以照亮孩子的一天，传授给孩子宝贵的人生经验，赢得孩子的信任，甚至可以帮助家庭应对亲人离世的悲伤。如果我们相信是故事承载了那些重要的时刻，我们就会把故事都记录下来。我们坚信，我们讲的那些故事和所有广为流传的好故事一样，扎根在讲的人与听的人之间那片充满爱的空间里。故事会悄悄地走近那些愿意倾听的人。所以，对孩子来说，你就是最会讲故事的人。

作为幼儿教学工作者，讲故事是我们日常工作的主要组成部分，它既是我们的教学方式，也是我们的娱乐方式。大部分的教学活动都在室外进行，孩子们在新墨西哥北部的森林和峡谷中学习。通常，我们讲的故事会围绕在这里发现的动物和植物、即将到来的假期，或者刚刚和孩子们一起做好的手工作品展开。故事里的人物会不断遇到孩子们亲身经历的状况，包括复杂的学校功课和偶尔的行为问题。故事讲到最后，孩子们经常会说：“这是我听过的最好的故事了！”

的确，我们的故事讲得很好，但更重要的是我们与孩子之间的情感纽带和共同经历，我们的故事是利用他们所认识的事物创作的。当我们从这个角度思考讲故事这件事时，我们的目标不是要创作世界上最精彩的故事，而是要讲简单的日常故事，讲与孩子相关的故事，讲能帮助父母或者老师与孩子建立亲密和信任关系的故事。

现在市面上有数不清的故事书，有些可以在讲故事方面提供一些指导与相关知识，也有些写得很好，但基本都是侧重于记忆或重述别人创造的故事，而它们都不是我们写作这本书的目的。**你手里拿着的，不是一本故事集，而是能帮你创作自己故事的方法书。**

这个方法很简单，形式多样且非常灵活，大部分内容来自专家建议和学术研究，我们每天都在用。你唯一需要具备的就是和你的孩子建立情感联系的能力，你要相信，这一点你比其他任何人做得都好。

有些观点与我们的看法截然不同。玛丽亚·夏洛克在她的经典著作《讲故事的艺术》（*The Art of the Storyteller*）中写道："我们希望，有一天，只有那些投入了专门的时间和准备来学习讲故事的艺术专家才能在学校里讲故事。"夏洛克的本意是好的，但这和我们的主张完全相反。我们认为，每个人都能讲好故事。体贴慈爱的父母或其他照顾孩子的人，从孩子身边就地取材讲故事，其间产生的亲密感是任何专家都无法做到的。为什么？因为讲故事关注的是联结，而不是故事本身。

我们在本书里介绍的直观型讲故事法非常简单，就是从孩子身边的事物和活动着手。比如，我们可以用松鼠间的争吵来暗指孩子间的冲突，或者当你看到孩子光着脚时，讲一个她的鞋子去溪边散步的故事。这样的故事能让孩子们在傻笑的同时有所思考。他们会觉得自己是故事的一部分，会因为从真实的生活中找到了故事中的人物和事件而觉得自己受到了重视。

不仅如此，由于直观型故事取材于孩子所处的环境，而这种环境通常可以提供玩耍的机会作为故事的素材，这样就构成了一个美好的故事环，对此，我们将在第一章中详述。举个例子，我们不难想象，听完了松鼠间争吵的故事后孩子会做什么。

总的来说，本书的所有章节都是描述我们讲故事法的要素，但是每个章节的主题都是独立的，只要你愿意，可以随意地挑着读。每章的内容不到 10 分钟就能读完，然后有一个故事范例，帮助你理解那一章给出的建议。一口气读完整本书很容易，但你最好每看完一章，就给孩子讲一个故事，然后改天再学习一个技巧，这样效果会更好。我们在每一章都附上了练习来帮助你。不管夏洛克怎么说，总之，**讲故事不在于讲得完美，而在于经常练习，**所以不用着急。

我们觉得这个方法有效是因为我们几乎每天都在用。这么多年来，我们看到它在各种情境下都适用。它非常灵活，也易于掌控。这个框架很有用，尤其是在你刚开始讲故事的时候。但是，没有完全相同的两个故事，也没有完全相同的两个讲故事的人。好的故事，就像优秀的人，也是千差万别的。找准自己的定位，听从自己内心的声音。当你不再听从别人的建议，而是跟随自己的内心讲故事时，你的故事便是最妙趣横生的。

如果说我们希望你能从这本书中学到什么，那就是：你本来就很会讲故事。讲故事的能力是与生俱来的，它和头发、手指一样，是人类天生就有的。所以请记住，如果你想要的是自制番茄沙司，那就自己动手，多尝试几次不同的做法，用不了多久你做的就能比成品番茄酱好吃。一旦你掌握了自己的口味，就可以扔掉食谱了。你的直觉会带领你和孩子去往一个超乎想象的地方。

故事背后的科学

多年来，科学家们总结了一些有关讲故事的事实：讲故事有助于我们记住信息、集中注意力、发展同理心，以及应对生活中的各种遭遇，但直到最近才有人开始追问这些事实背后的原因。

讲故事重在建立亲密关系，而不仅仅是讲述。

“在一个真实的世界里，为什么我们会选择花费大量时间沉浸在那些讲的人和听的人都知道以前从未发生，以后也不会发生的故事里呢？”这就是进化理论家布雷恩·博伊德在他的著作《论故事的起源》一书中的开篇之问。

在戴维·斯隆·威尔逊的著作《达尔文的大教堂》（*Darwin's Cathedral*）中也能找到类似的问题。威尔逊是伯明翰大学一位杰出的生物学和人类学教授，他的研究成果获得过无数奖项，最近又拿到了国家科学基金的资助，这将帮助其进化论研究项目扩展为一个全国性的大项目。

他提出，是否可能是文化故事（这里特指信仰故事）把听众汇聚成一个具有独特进化优势的群体的呢？

这些问题已经远远超出了本书讨论的范围（我们毕竟只是幼儿园的老师呀）。但是，在认知研究人员、神经科学家以及进化理论家之间兴起的讨论，凸显了讲故事的重要性，所以我们稍微了解一下他们这个圈子的讨论也是有必要的。

简单来说，我们是一种社会性生物，有时还会被贴上“超级社会化”的标签。我们作为一个物种取得的成就，很大程度上要归功于我们拥有既相互合作又相互竞争的能力。我们与家人及邻里之间合作与竞争的微妙关系，促使我们开发各类工具以分享或隐瞒信息、了解他人的意图，以及传达或掩饰自己的意图。

而我们开发的主要工具之一就是讲故事。通过讲故事，我们告诉人们发生了什么、我们希望发生什么，或者我们现在想做什么。斯坦福大学商学院营销学教授詹妮弗·艾克在报告中写道：“把信息融入故事，人们通过故事记住的信息比仅描述事实记住的信息要多出 22 倍。”故事也是我们用谎言误导或企图误导他人的主要方法。大部分 4 岁的孩子在尴尬的时候都会不由自主地编造故事来回避令人不快的真相。成年人也没有好到哪里去，八卦占了公共交流中近 65% 的内容。

但故事绝不仅仅是一种讲述真相或者编造谎言的方法。通过数十亿美元票房的电影、畅销书和有 3 万年历史的洞穴壁画我们了解到，故事是世界上最令人着迷的事物之一。布雷恩·博伊德敏锐地指出，“讲故事的人和听故事的人都知道它从未发生过，也永远不会发生”，但我们依然愿意花钱看好的故事，这是为什么呢？

人类不仅仅用故事来讲述真相或者编造谎言，还通过故事来获得他人的关注、模拟行为与情感，以及建立信任。讲故事是我们在社会成员中传递价值观念的基本方法，当然也包含亲子沟通。《大西洋月刊》上的一篇文章说：“故事是让人们能感觉到自己在掌控这个世界的一种方式。故事让人们在一片混沌之中看到事物运作的方式。故事是解决问题的一种方法。”

也许现在我们能够理解威尔逊为什么说文化和信仰故事可以给听众带来进化优势。威尔逊认为，社会成员之间的合作一直都在人类演进中起着重要的作用。爱和侍奉一位完美的神远比爱和侍奉某个不完美的邻居更有动力。换句话说就是，虚构的信念体系既方便人们使用又能够激发一系列适应性的行为，胜过了需要拥有博士学位才能理解的现实的信念体系。需要注意的是，威尔逊的意思不是说宗教信仰一定是虚构的或者真实的，只是说无论怎样，它们都融入了大量的故事，以激励人们的行为。

大多数父母经常会观察到这样的现象。孩子们往往会把最近听过的、读过的或者看过的故事讲出来、演出来，无论是《哈利·波特》系列的新书还是迪士尼电影。成年人也时常会这么做：重复我们最喜爱的电影台词，甚至模仿一些我们最喜爱的角色。

讲故事是文化在亲子之间传承和人与人之间传播的主要方法之一。亲子之间传承的不仅仅是意义，还有各种行为方式，比如，举止做派、语气腔调、神态气质等。埃琳娜·伦肯在美国国家公共广播电台网站上写道："你听故事进展的时候，你的脑电波会和讲故事的人同步。"她目前正在试图解释普林斯顿大学心理与神经科学教授尤里·哈森的研究，并认为哈森关于讲故事和沟通的演讲非常值得花时间观看。

跟触摸一样，**讲故事也是衡量亲密和信任关系最重要的尺度之一。**经常分享故事的人之间通常会以一种独特的方式保持长久的联系。正因如此，《今日心理学》把朗读列为教育孩子的首要建议之一，推荐给想让孩子快乐成长的父母们。故事的内容无关紧要，亲密关系才是我们最想得到的。事实证明，分享故事几乎比其他任何事情都能更好地建立这种亲密关系。

乔纳森·戈特沙尔在《讲故事的动物》（*The Storytelling Animal*）这本颇具影响力的书中写道："小说会让你更富有同理心，更好地应对生活中的困境。"他认为，故事就像真实生活的预演。他引用了神经科学领军人物马可·亚科博尼的话："我们对虚构的人物怀有同理心……因为我们自己也有过相同的感受。"编故事并不是人类进化过程中的错误，戈特沙尔总结道："虚构……对我们有益。"

我们希望这本书能激励你去发扬讲故事的传统。讲故事是人与生俱来的能力，根本不需要使用专业术语。事实上，你每天的大部分时间都在讲故事，要么在跟自己讲，要么在跟朋友们讲。戈特沙尔说得好："故事之于人，犹如水之于鱼。"你已经有了讲故事的工具和经历，下面就请你有意识地和孩子一起进入故事的角色，踏上千千万万的父母和看护人曾走过的旅程。经过实践，你会发现自己是一个很会讲故事的人。毋庸置疑的是，在讲故事中自然而然产生的情感纽带是属于你和孩子永恒的礼物。

第一章

故事环

地球上有多少人，讲故事的方法就有多少种。本书所教的方法是“直观型讲故事法”，也就是不需要做任何准备，你就可以即兴讲一个故事。一开始，这听起来可能比简单地重复一个经典童话故事要难，但只要掌握了核心架构，也就是我们所说的“故事环”，你就会发现讲故事和走路一样简单，想都不用想就能开讲。

我们喜欢这种方法，因为它可以让每个人都能以各自不同的方式传达自己和家庭的价值观念。这种方法适合所有人，不关乎内容，只关乎过程。你会发现，这种多样的表达不仅能够帮助孩子们长大成熟，还能帮助他们应对人生中不时遭遇的挑战。

举个例子：用树枝和杂草做一条“仙女船”，也可以用面条、电脑零件或地毯碎片什么的，任何东西都可以。然后把仙女船给孩子们玩，就算船沉了也不要紧，不用太在意。吃完午饭之后，或者在某个安静的时间，给孩子们讲一个一只老鼠（或者一个仙女、一只蚂蚁）发现一条小船，然后扬帆去冒险的故事。

做不了仙女船？那就搭间小房子或者建造一座堡垒，你可以用孩子的书包、丢弃的口香糖，或者枝杈弯曲的树木，任何东西都可以。从日常生活中选取1～3件具体的事物，然后就用它们编故事。

这种方法将现实融入想象，然后又回到现实。之后孩子很可能想要表演部分故事情节，这样的话他们可能就真的需要小船了。这就是故事环——现实情景加上想象的情节，创造新的现实。故事环可能大小不一、形态各异。我们可以这样来表示它：

新手通常只会讲些情节简单的奇幻故事，而老手随时随地都能发现故事。比如面对一群吵架的小孩，你当然可以选择批评他们，但在这时给他们讲个故事似乎效果更好。孩子们都来听故事，不再纠结之前的分歧，还有机会重新组成一个团队，共同表演这个故事——两伙凶残的海盗联合起来，站在甲板上，共同对付在开放水域见过的最大的章鱼。“大家一起，各就各位！”就这样通过想象把现实事件用故事转化成为新的现实。

再比如小孩子牙疼。看着孩子受苦，父母都很心疼。于是我们带孩子去看牙医，给孩子吃药，但是有些时候，医生也对疼痛束手无策。这时不妨给孩子敷上冰块，再给他们讲个故事。

从前有一个小朋友牙疼得厉害，实在受不了了，于是出门去寻找止疼的方法。路上她遇见了一只河狸。这只河狸的牙齿一直在长，所以要不停地嚼东西。

“你那也算疼吗？”河狸说道，语气有点儿冲。他甚至说话的时候都在嚼木头。然后来了一只大象。大象很难过，也很同情河狸，她说：“长牙是我一生中最痛苦的经历之一。”在这之后，小朋友又遇到了一只鳄鱼，鳄鱼有点儿烦躁，之后还遇到了一条鲨鱼和一只剑齿虎，他们性情各异，有的会说句安慰的话，有的会发发牢骚。最后，小朋友一路游荡，来到一个山洞，在山洞深处遇到了一位老矿工。这位矿工是帮助牙仙子收集牙齿的小矮人，他说：“收集这些牙齿真是一个艰苦的工作，我得爬到小孩子的鼻子上，来回拉扯才能把牙齿弄下来，难怪小孩子们会牙疼了！”

我们要帮助孩子搭建现实与想象的桥梁，而故事就是这座桥梁。

其实，讲这些并不能让孩子的牙疼停止，但是如果能用体谅的话讲一个故事，再加点幽默，孩子听完走开时就会多了一份坚强。你看，这就是一个故事环，把现实的事变成更有深意的故事。这真的是家长教育孩子的锦囊妙计。

故事环就是我们陪伴孩子的旅程，有时得花几个小时，有时只需几分钟。讲故事最初就是为了好玩，但是随着水平的提高，你会惊喜地发现让故事具有层层深意竟出奇地简单。毕竟，《福音书》和《吠陀经》不也都是故事吗?

在想象的世界里，故事有各种各样的开头和结尾，但本书专门讨论的是从现实世界里选取一个物件或一件事情开始讲，这样可以帮助孩子以及我们自己把想象和现实联系起来。等熟练之后，你或许会不再需要这个策略，但刚开始学习讲故事的时候，这个简单的方法会帮你在现实和想象的两个世界里发掘取之不尽、用之不竭的素材。

我们可以把过桥的来回旅程想象成一个环，就像我们带着针线，把想象和现实缝在了一起。讲故事的老手早就这样在现实世界中缝了成百上千针，她有几十座桥，安放在适合孩子年龄及其家庭价值观的地方，随她一起旅行过的孩子可以自己轻松过桥。孩子不断地将想象编织进自己家里、邻居家里以及镇上真实的地方和事物里，而由此激发出来的好奇心将陪伴他们一生。这样的孩子即使在最普通的物件上也能看到通往故事的大门，你同样也能。

这种讲故事的方法之所以成功，其中一个原因是我们基本不需要准备。那些需要死记硬背或提前准备的方法，虽然也很好，但对缺少时间或缺乏动力的家长和老师来说，坚持下来会很难。同样，如果讲故事的人在讲的过程中试图预测或准备故事的结尾，他很可能会分心，故事也就讲砸了。**要想简单轻松地讲故事，就要只关注当下，让故事自然流淌，讲到哪儿算哪儿。**

也就是说，我们不要准备剧本、不要设计开头或结尾，甚至不用弄清楚故事讲出来会是什么样子的。我们只是在跨越一座桥，一座好奇心之桥，让故事在想象中展开即可。结束时，就关闭故事环，回到现实。

讲故事的第一步是从孩子身边找到一个常见的物

体，可以是一个玩具，也可以是孩子当天下午在散步时偶然看到的一只蝴蝶。无论是什么，只要确保是你也注意到的东西即可。记住：你是故事的重要组成部分，一定要参与其中。

例如，我们可能坐在山坡上，看着孩子拿着几个洋娃娃在草地上玩。山脚下，一条小溪蜿蜒流过。在一个安静的时刻，也许是午饭后，我们就可以讲讲洋娃娃的故事："洋娃娃趁着没人注意，来到小溪边，想要游泳……"在这里，洋娃娃是主线，是登上故事桥的第一步。你无须预想或准备，故事也能顺利往下发展。洋娃娃走路是什么感觉呢？是慢慢地、小心翼翼地，还是东张西望地、鬼鬼祟祟地，抑或是有点笨手笨脚地？她会不会摔一跤，掉进水里，溅起很大的水花？她看到了些什么？她走到水边，又做了什么？随着故事逐步推进，洋娃娃会一直在你的想象中漫步。一切都取决于你和当时的情境。

对一些人来说，这有点困难。但有些时候，故事的情节会引导讲故事的人。这就好像是我们正走在桥上，不确定要去哪儿，挠着头，却突然瞥见了一个地方，于是我们露出灿烂的微笑，跑向那里。“我想让洋娃娃带着一只螃蟹上船！”这就是我们想要讲的故事。不要去背诵一个故事，因为故事开始后，会自行展开。当讲故事的人完全沉浸在自己的想象之中后，就不会再分心了。讲故事的人兴奋了，孩子也就兴奋了。故事的走向或结尾并不重要。故事真的结束时，孩子会对她的洋娃娃有新的了解。她也许会想要重演这个故事（这时候可能需要一只螃蟹），或者带上洋娃娃踏上新的冒险之旅。这才是我们最想要的效果。

我们也可能会在一个活动中找到故事的素材。比如，有个小孩在跳绳，我们就可以讲：“有只蚂蚁想跳绳，还有条毛毛虫想要一起跳。”当想到蚂蚁跳绳时，你想到了什么？毛毛虫呢？他可能很难同时抬起所有的腿。像这样简单的故事可以给枯燥的下午注入新的活力。之后孩子可能会咯咯地笑着回去跳绳，也可能会扮演毛毛虫跳绳，一次只抬起一只脚。

给故事加上后续只是一个选择，并不强求，也不鼓励。故事会引出游戏，但要不要玩只能由孩子们来选择。如果讲故事成为日常，你就会发现故事经常变成游戏，游戏也常常变成故事。这就是故事环的神奇之处，但并不是每次都要这样，重要的是给孩子们选择的自由，同样重要的是，你要接受自己的故事，无论好坏。

本章的例子大多是天马行空的，因为大部分人都是这样开始讲故事的。通过这些简单的故事产生的亲密关系，随着时间的推移，会让讲故事的人在更复杂的时刻找到讲故事的素材，比如受伤、社交困难，或者亲人故去时。后面的章节会对这些素材做深入的讨论，下面我先举个简单的例子。

想象一下，有个小孩经常把夹克落在学校、公园以及朋友家。这种孩子着实让人头疼，我们会警告他下次别再忘记拿。孩子难为情地保证下次一定会改正，但从来都做不到。于是这点小事就成了亲子关系中的痛点。

让我们以这件夹克为素材，讲述一个“一只小熊去游泳”的故事：“一只小熊去游泳，他脱下了自己的毛皮拉链外套，把它放在岸上忘了拿，回到家才发现自己是光着身子的，满脸羞臊。正值冬天来临，他费了好大劲儿才找到自己的毛皮外套，却发现几只松鼠和一只兔子已经用它搭起了帐篷。”这样的故事会把孩子逗笑。它温柔却有效地传达了你想传达的信息，而没有用批评的方式。孩子也许还会落下夹克，但现在我们有了巧妙的说辞，可以缓解这种亲子间的紧张关系。“嘿！不要变成光溜溜的小熊哦！”用这种善意有趣的提醒，让孩子别忘了拿夹克。这样的故事可以把父母和孩子的心聚在一起，而不是孩子出了问题，父母忙着批评。

练习1 简单观察

在开始编故事之前，你可以先从孩子周围的环境里寻找素材，可以是玩具、所做的事、所在的地点或所吃的东西。这其中有什么能够让你兴奋或者大笑？一定要诚实地说出来。本章中的例子有仙女船、洋娃娃和毛毛虫，但你可能会更喜欢忍者神龟或电脑游戏。无论是什么吸引了你的注意力，都可以试着将它们看作通往故事乐园的桥梁或大门。

钢管里的小矮人

作者：约瑟夫·萨洛西

这个故事很有意思，展示了如何使用故事环。你将从中看到，哪些是现实，哪些融入了想象以及是如何做到的。最后，你会发现父母和孩子都实实在在地感受到了新的现实。

朋友正驾车行驶在双车道的高速公路上，我坐在副驾驶上。我们的女儿，一个 5 岁，一个 6 岁，坐在后排看画册。车已经开了 30 分钟了，但还需要一段时间才能到达目的地。我们前后的其他车上也坐着父母和孩子，幼儿园整个班级的孩子都一起拼车到罗恩农庄去，他们都很想再见到罗恩的果园和农田。

但是车开得很慢。由于正在铺设一条天然气主管道，双车道时不时就会变为单车道。透过右边的车窗可以看到美国和墨西哥交界处的格兰德河的美景，偶尔还可以看见举旗的人在站岗。我们坐在车里，前面的车堵成一列，身穿橘色马甲的工人在配合黄色吊车把巨大的钢管抬到合适的位置。

“爸爸，我觉得很无聊，”朋友的女儿说道，并把书扔到了地上，“你可以给我们讲个故事吗？”

“这个嘛……嗯……”朋友顿住了。他这样一开口，明显就是没有故事可讲。故事，哪里有故事呢？如果能从树上摘个故事就好了……

我耐心地听着朋友和他的女儿来回扯皮，这个过程持续了几分钟。这时车挂着空挡，车上抱怨和不满的气氛越来越浓。一开始我只是静静地坐着，没有打断他们的谈话。但当我确定朋友没有故事可讲时，就冒昧地插了话：“我提议，我来给大家讲个故事吧。但是我的故事有个特点……”

“什么特点？”

“你们不会喜欢的。”

小姑娘们笑了，朋友也偷笑着。为了不继续吊大家的胃口，我女儿开口了。她一边摇头一边说：“他每次都这么说，并不是真的。”

“你才不是真的。”我打趣道。她冲我翻了个白眼。我喜欢这样的互动。

“好吧，”我开始讲，“你们知道西尔克老师总讲小矮人的故事吧？”

“是的……”

在朋友跟他的女儿扯皮的时候，我得空看了一下周围，既没有仙女船，也没有布满青苔的城堡，甚至连一个塑料娃娃也没有，但是我看见了钢管，好几英里[①]长，此外，地上也被挖得坑坑洼洼的。工人们戴着安全帽，拿着锄头和铲子，驾驶着机器，将等离子焊接机对准巨大的钢管，把它们焊接起来。这些算不上什么好素材，但这是我们目前仅有的条件了。

“好的。一个小矮人正在赶往陶斯。”我说。

① 1英里约为1.61千米。——译者注

其实直到这时我都还不知道要讲什么故事，我边讲边开始想象他的样子——矮矮胖胖，戴着一顶尖帽子。“小矮人走在这条路上，要去帮助人们为圣诞节做准备。”西尔克老师那周给我们讲过这些节日小矮人，他们被称为“精灵”，在德国的童话故事中，他们会在节日里帮人们做些小事，比如砍柴和擦壁炉。孩子们知道这些，也知道小矮人不能被人看见的说法。

“小矮人一直沿着路边走，紧贴着灌木丛以保持隐蔽。突然，一个大土堆挡住了他的去路。真是糟糕！这里到处都是管道和机器，还有各种各样的工具和材料。还好，那天是周末，所有的工人都回家了，可能也是去为圣诞节做准备了。”

从对向行驶过来的大长车队终于停了，引航车掉头后，开始向反方向驶去。旗手把标志从“停车”换成“慢行”，我们的车开始缓缓前行了。

“小矮人试图穿过这一片狼藉。他走得很慢，有时候不得不爬上泥泞的小山。由于没有可以躲藏的灌木丛了，他只能从一台机器后面跑到另一台机器后面。当然，这是很累的。

“突然，一辆车从拐角处呼啸而来，小矮人不得不立刻躲起来，但他无处可藏。他左看看，右看看，然后发现了头顶上方的巨大钢管，就跳了进去。”

女孩们咯咯地笑了起来，朋友也扑哧一声。老实说，在那之前，我也不知道故事该如何发展下去。我只是随便说说，直到找到了自己的思路——在巨大的钢管里有一个小矮人。我微微一笑。我能感受到这个故事了。

“嗯，管道里面很黑，”我继续往下讲，感觉轻松了许多，“小矮人环顾四周，想要找到方位，但什么也看不见。”此时，车流已经很通畅了。“终于，小矮人听到了一些声响。”我停下来，装作在听的样子。“叮，叮，砰，咚，砰……小矮人很难分辨那是什么声音，但听起来像是金属碎片互相撞击的声音，或者像……像……叉子掉在地上的声音。砰，咚，砰……

“这种声音从四面八方传来，似乎充满了整个管道。砰，咚，叮，咚……小矮人有些害怕，他好像看到了什么。这时，一束光照了过来。”我顿了顿。

漆黑一片中，藏在真实事物里我们看不见的小矮人看到了什么？在我揭晓答案之前，大家都要想一想。车里有四个人，每个人都有自己的想法。此刻，故事与现实世界联系在了一起。那个我们用眼睛清楚看到的世界，不仅唤起了每个人心中的创造力和想象力，而且还将我们四人紧密地联结在一起。这就是讲故事的魅力。

“在那儿，在远处，”我继续讲，“小矮人逐渐辨认出那是什么了。那里不是一个东西，而是很多个东西。它们……嗯，可能有几百个，几千个。叮，咚，叮……当它们逐渐靠近，小矮人发现那是成百上千的小型机器。这些小型机器的颜色和钢管一样，仿佛就是由它们组成的钢管。实际上，它们是带着小轮子和小手臂的微型机器人。有个机器人的手臂是一个钻孔机，还有个机器人拿着一把小型等离子焊枪。突然，一个机器人变成了一辆推土机，把一些金属碎片推到一边，之后，碎片重组，形成了管道的内壁。

“‘哇哦！’小矮人感叹道。他明白了，其实是这些小机器人在建造管道。外面的工人们以为自己做了很多工作，但实际上他们只是在一旁凑热闹。真正干活的是这些小机器人！

“最后，一个机器人走到小矮人的面前，闪着它的灯泡眼，友好地看着他。机器人打开了肚子上的一个隔层，拿出一盘奶酪和饼干。小矮人最爱奶酪和饼干了！而且他走了很久，肚子很饿。机器人把盘子递给了小矮人。小矮人拿起饼干咬了一口说：‘真好吃。’”

我们的车开始减速了，因为前方又有一个举“停止”旗子的人。这真是在故事里强调其他东西的绝佳时机。我和其他人一样在听这个故事。对我来说，最好的故事就是我看见的一切，因为这意味着我将想象融入其中了。我不会去思考故事，也不会去练习或者复述故事。事实上，当我尝试复述故事时，故事往往就变了味。我喜欢根据周边的环境讲故事，喜欢把路旁的树木编进故事里。当我用心倾听自己讲的故事时，就像是世界在通过我说话一样。故事就这样发生了，而我只需要敏锐地观察它们。我说的话只是在描述我看到的东西，或者我想看到的东西。我可能是讲故事的人，但我也和其他人一样在听这个故事。每个人看到的东西都是不一样的，但我们依然可以互相分享。这个过程发生在每个人的心里，只不过由我讲了出来而已。

“小矮人吃完奶酪和饼干抬起头，看到一群机器人正站在他旁边。小矮人低头看了看盘子，里面只剩下一些饼干屑了，突然就觉得有些羞愧，因为他自己把食物全都吃完了。小矮人满脸内疚地抬起头，但他看到了一个机器人友好地挥动着手臂，好像在说：‘不，不……没关系的。’机器人走到钢管的内壁边上（它是那种步行机器人），敲了三下，砰，咚，砰。突然，一扇大门像橱柜一样打开了。在大门后面，有更多的机器人，他们开始从门里分发小瓶的润滑油。他们拔开瓶塞，把油喝掉。咕嘟，咕嘟，咕嘟……

“第一个机器人用袖子擦了擦嘴，说：‘啊！’因为这种特别好喝的饮料帮他解了渴。然后机器人们纷纷举起酒杯庆祝，朝小矮人大声喊道：‘万岁！’小矮人也露出了微笑。

“哦，天呐！小矮人此刻感觉暖洋洋的，意识都有些模糊了。他发现钢管里的这些小机器人太令人惊讶了，而且还这么友好。看着这些新朋友，他突然想起来，自己要去陶斯。小矮人开始思考：该怎么去呢？

“一个机器人感知到了小矮人的想法，跑到钢管边，咣咣敲了两下，另一扇小门打开了，里面弹出了一个架子，上面放着一双迷你旱冰鞋。机器人拿起旱冰鞋，递给了小矮人，并告诉他，前方下坡就是陶斯方向，小矮人可以从管道里一路滑下去。

“小矮人心想，‘哇哦，这帮家伙太好了！’他穿上旱冰鞋，看着朋友们，竟有点想哭。小矮人舍不得和机器人们说再见。‘哦，别担心，’一个机器人说，‘我们一直在这儿，你随时可以来。’小矮人说了声谢谢，并和在场的每个机器人挥手告别。小矮人知道他们还会再见的。机器人们走到一边，一起挥手欢呼。最终，有一个机器人推了一下小矮人。

“一开始，小矮人滑得很慢，还有时间转身挥挥手，但是很快他就开始滑得飞快。叮，咣，小矮人撞到了钢管的接缝，那里有一个焊接的小凸起，然后小矮人继续沿着下一根钢管滑行。叮咣，叮咣，小矮人滑过了一根又一根钢管。他要滑几英里远呢！不过，除了焊接处，滑行整体上还是很顺利的。有时候，管道里会出现很多机器人，但是当小矮人加速靠近的时候，机器人就会变形融入钢管的内壁。有一两次，小矮人回过头观察，发现一旦他通过了那个地方，机器人就从管道内壁里出来了，然后继续做他们刚刚在做的事情。小矮人挥了挥手，机器人也挥了挥手，这真让人惊叹。”

对向的汽车又一次呼啸而过，引航车掉了头，举旗的人又把标志换成了“慢行”，我们的车又动了起来。

“管道很长，小矮人滑了几个小时，偶尔还会迈大步，做单脚尖旋转的动作。因为速度很快，小矮人都能在管道壁上侧滑，甚至倒立滑行了。

滑了很久很久之后，小矮人突然看到前面好像有什么东西。一束光，一束明亮的光，一束泛蓝的、泛绿的、泛白的光。

“嗯，你们猜是怎么回事？现在是早上了。小矮人一个晚上都在钢管里，要到终点的时候，外面已经有光照进来了。这时已经是周一了，工人们过完周末回来工作了。有些人拿起了铁锹，有些人爬上了他们的拖拉机和起重机，还有些人拿出了他们的电焊机。这些当然是没有必要的，因为干活的其实是管道里的机器人，但是人们需要工作呀，所以……

“就在小矮人快滑到尽头的时候，一个起重机操作员把管道提了起来，要把它和旁边那根管道组合起来。但是现在，小矮人滑得太快了，比我们的车还快。突然，他意识到自己得停下来。可是小矮人要怎么停下来呢？他滑得太快了。那束光越来越近，但小矮人真的无能为力。这时，他撞到了最后一个焊接处。叮咣，他身体向上一翻，像火箭一样冲出了管道口。

“‘砰’的一声！小矮人径直滑出了管道，直冲云霄。在那一瞬间，一个工人觉得，他看见了一个穿着旱冰鞋的小人从管道口冲了出去。工人揉了揉眼睛，又眨了眨，然后拿起一杯咖啡，心想，‘一定是我太累了。’与此同时，小矮人在空中越飞越高。事实上，他因为刚刚滑得太快了，现在直接飞到云层里了。终于，小矮人开始减速了。他看着下面数英里的管道、头顶上湛蓝的天空、公路旁蜿蜒的河流，还有汽车、工人和机器感叹道：‘这真是太美了！’整个晚上小矮人都在管道里滑行、加速，现在他像一个小矮人炮一样，被发射到了空中。

“嗯，我们先不管小矮人了，让他在空中飞一会儿吧。管道中的机器人知道发生了什么，他们可不蠢。于是，机器人成立了一个小的委员会，选出了三个机器人爬出管道，前往河边。河边有只青鹭，他原想在管道里筑巢，结果引发了一场骚乱。不过，最后青鹭把巢筑在了河边。同时，青鹭和机器人成了好朋友，就像小矮人也成了机器人的好朋友一样。机器人跟青鹭讲了小矮人的事情，说到了圣诞节、小斧头、德国人和砍柴。之后青鹭决定飞向北方去召集他的朋友们。小矮人开始往地上坠，最后他发现自己落在了柔软的羽毛毯上，是青鹭们。那些家伙弄好了一切。

“好吧，我可以再讲一些，但你们只要知道小矮人最终顺利到达了陶斯就够了。小矮人帮一家人砍了柴火，当然，是在他们没注意的时候。小矮人还在晚上帮他们洗了碗，并把海绵绑在脚上，一边溜冰一边擦地板。猫不喜欢小矮人，但它也抓不到小矮人……也许每个人的家里都有小矮人，但这个故事到此就结束了。”

车里突然安静下来。我们现在已经穿过了工地，正驶向目的地。罗恩农庄是个神奇的地方，那里有树莓、苹果和七彩谷粒。再用不了多久就能到了。这时，有人打破了沉默。女孩们从后排喊道：“这是我听过的最棒的故事了！你能再讲一个吗？”

我笑了笑说：“不行，我只打算讲这个。”我舒服坐好，看着宽阔的马路，白杨的最后一片褐色叶子在风中颤抖着。女孩们软磨硬泡，想让我讲更多的故事，我开心地笑了。她们闹了一两分钟，但我坚持自己的立场。讲故事可以是自发的、荒唐的、自由的，但它需要创造力。

又过了一两分钟，她们接受了我的决定，试图自己再讲一遍这个故事，不过这次，她们又增添了新的情节。我和朋友乐得清闲，沉浸在孩子们的笑声里。这就是故事环，现实经由故事转变成了新的现实。

第二章

做自己

有人天生就会讲故事，他们自信满满，而有人就怕讲故事。有人讲的是天马行空的、惊心动魄的、史诗般的故事，有人讲的是草坪散步的日常点滴，还有的人讲的就是笑话。讲故事的方法不计其数，就像地球上的人一样多，甚至每个人在讲不同的故事时，方式也大不相同。

当你讲故事时，你给予孩子的是你的关注、你的关爱和你的关心。我们的目标不是讲一个完美的故事，而是增进人与人之间的联系。因此，成为会讲故事的人可以带给孩子更多的陪伴和关注，也可以做真实的自己——无论你是家喻户晓的摇滚明星，还是默默无闻的图书管理员。

在学校里，我们有时会让家长或访客讲一个故事，但这一提议却总是令他们陷入尴尬。我们可以立刻看出谁对此感觉自在，很明显，那些纯粹地做自己的人表现得更好。他们思索片刻，就能讲个小故事——可能是关于一只瓢虫、一片雪花，或是当天发生的不寻常的事。这些故事少有惊奇之处，但孩子们却非常喜欢，因为他们感兴趣的是讲故事的人。孩子们会感受到有人一直在陪伴他们。故事可以短小，也可以有点奇怪，但真实最重要。

而那些精明的人，他们绞尽脑汁，咬着嘴唇，然后说自己没有准备好，还要找借口。他们不相信自己能讲好故事，所以干脆什么都不讲。我们都有过这样的经历，这完全可以理解。作为成年人，我们会选择原谅和遗忘。但从孩子的角度看，这种行为传递出的信息却是直接而清晰的——“我没什么要和你们分享的”。

讲故事时磕磕巴巴的父母经常因为没有讲好而感到羞愧，他们认为要成为讲故事达人，就必须讲有深意的大故事。当然，要讲大故事并没有什么错，但这种想法最终会变成愚弄人的猎鹬[1]恶作剧。我们觉得必须讲出有史以来最宏大、最吸引人的故事，但想到《蜘蛛侠》和《小美人鱼》这样的大片，我们会很容易感到害怕，害怕我们讲的故事永远无法与之匹敌。

① 在美国俚语中，鹬鸟是一种不存在的虚拟动物，“猎鹬”（a snipe hunt）暗喻把某人骗去猎捕根本没有的东西。——译者注

我们的目标不是讲一个完美的故事，而是增进人与人之间的联系。

当我们试图抓住那只难找的鹬，然后把它交给我们的孩子时，这种探索就会突破我们的局限。如果这适合你，那很好；如果这让你怀疑自己，那它就不合适。所以，还是放弃讲一个大故事的计划，选择讲个简单的故事吧。

分享你的故事意味着你必须重视这些故事，即便故事很简单，而重视你的故事也意味着你必须重视你自己。你要相信，你真正的样子，是值得分享的。对我们大多数人来说，分享自己的故事都不是件简单的事情，但这么做可以给孩子做一个好的示范。讲故事带来的亲密感可以让你放下警惕，看见真实的自己。这样讲出的故事会让你高兴一整天。

当孩子说“给我讲个故事吧”，其实他想要的不是故事，而是你的关注。只要你拥有足够的爱，故事就会轻松流淌。随着时间的推移，你会掌握由安抚到亲密再到故事的循环，讲故事的能力也会突飞猛进，这比听任何专家讲授的建议都要有效。讲故事不再是一种转述，而是经历的分享。

在一个亲密且真实的环境中讲故事，不仅是孩子，你自己也会沉浸其中。但是如果我们讲故事时内心不安，担心自己讲得不好，那么，即使故事讲得很顺畅，你也会把这件事“标记”为负面经历，让讲故事变得像一份苦差事。

但如果你能够保持自己真实的样子，不加任何掩饰和伪装，那么，你的经历将会是愉快且吸引人的。你的脑海里将满是轻松平静的回忆，充满欢声笑语，甚至是骄傲自豪，让你能够放松地、一个接一个地讲故事。

这就是你的首要目标，甚至是在你开始讲故事之前就要实现的目标：做自己！如果你试图撒谎，就讲不出好故事。这个规则说易也易，说难也难，它既能成就也能摧毁讲故事的人。不管你是扎着金色辫子、童话般的母亲还是穿着灰裤子的公交车司机，都没关系，你只需讲你的故事，保持真实纯粹的状态，孩子一定会因此而更爱你。

只有我们坦诚地面对自己、面对孩子，才能开始探索真正给我们带来快乐和创造力的东西。讲故事的人应该时刻留心自己的日程安排和心情。比如，什么时候讲故事感觉轻松？什么时候感觉辛苦？累的时候，拒绝讲故事也是可以的。

讲故事最令人着迷之处在于讲述者本人也沉醉在自己的故事里。听故事的人可以感受到他的热情，看他眉飞色舞，听他抑扬顿挫。

正如亚伯拉罕·马斯洛和之后的心理学家所说，富有创造力的表达对一个人整体的幸福感至关重要。因此，故事讲得好的人，也可以从自己的经历中得到充盈。他因为喜欢讲故事而讲故事，并且看重由此建立的亲密关系。

练习 2 给自己讲个故事

无论你之前是否给孩子讲过故事，现在都找个机会给自己讲一个吧。你怎样给孩子讲故事就怎样给自己讲。选择合适的时间和地点，不要有干扰。选择一个吸引你的事物或活动，无论此时此刻它是否在你面前，你都可以把它当作故事的素材。留意你发笑、好奇、兴奋，或者忐忑、不适、无聊的时刻，想想再添加些什么情节能让故事更有意思。在接下来的几个小时或几天里，关注你和故事素材之间的联系，丰富故事的内容。试着在上午、中午和晚上重复这个练习。你注意到自己有什么变化了吗?

练习 3 给孩子讲个故事

也许你的孩子就快要出生，也许你已经开始给孩子讲故事了。无论你现在的情况和经历如何，趁这个机会，用第一章《故事环》中介绍的方法给你的孩子讲个故事。选择一个舒适的地点和方便的时间，以免受到干扰。

首先放松你的身体，换个舒适的姿势。如果你觉得现在非常放松，就闭上眼睛。想象在校园里，我们躺在地上，望着云朵，讲着故事。让孩子躺在你身边，注意呼吸节奏，试着融入周围的环境，但不要太刻意。

找个你知道孩子能辨识出的事物，将其当作你的故事素材。留意孩子发笑、好奇、兴奋，或者忐忑、不适、无聊的时刻。无论发生什么，都无须太在意，之后再看看你的孩子和这个故事素材之间是否还有后续的联系。

德国村庄

作者：西尔克·罗斯·韦斯特

我的女儿们在美国西南部的沙漠中长大，而我是在德国的小村庄中长大的，我们的成长经历大不相同。而我传承家庭文化的方法之一就是讲下面这样的故事。故事的主角就是我。这些故事非常简单。在讲故事的时候，我回忆起了许多甜蜜而暖心的片段。现在我的家人离我很远，祖母也去世了，但这些故事让我感觉我们依然在一起。这就是好故事带来的馈赠——讲的人和听的人都感到温暖。我的女儿们现在都已成年，但这样的故事仍然吸引着我幼儿园里的孩子们。孩子们会说“跟我们说说你的村庄吧”，其实他们的意思是“跟我们说说你吧”。

从前，有个小女孩出生在德国的一个村庄里。她的父母忙着养牛和种地，她大多数时间都是和祖父母在一起，祖父母非常疼爱她。每周日祖母都会烤面包，那是一种周日才会有的美食。小女孩很期待这种香甜可口的面包，全家人也都很期待。但是有一天，祖母的黄油不够做这种特殊的面包了。“我该怎么办呢？”她问道。

小女孩知道祖母烤面包要用的黄油什么样，所以她主动提出去商店买。她还很小，还不会读书写字，但是她已经可以走去村子中的商店了。村里人人都认识她，她爱说爱唱，总会问候沿路遇到的长辈。祖母写了一张纸条——“一磅黄油”，并把纸条和钱包都放在了小女孩的布袋里，钱包里有买黄油的钱。“记得买到黄油就赶紧回家，别耽搁太久。”祖母说。祖母知道这个小家伙有多爱说话，但她得在中午教堂钟声敲响之前把面包放进烤箱里。

去商店的路上，小女孩遇到了做布谷鸟钟的

人。这位老人喜欢炫耀他做好的时钟，这些时钟被雕刻得像艺术品一样精美。老人在仓房门口向小女孩招手，说：“来看看我刚刚做好的钟吧！”小女孩停了一会儿说：“我得先去商店，等我回来再看吧！”

村里的商店有一个特制的铃铛，能在客人进门的时候发出声响通知店主。毕竟，这就是店主的家，除了生意，他还有两个孩子要照看。那天，店里没有其他顾客，店主立刻招呼了小女孩。“今天是烘焙日，你祖母的黄油用完了？”店主问道。“是的，钱在袋子里。”小女孩微笑着答道，她觉得自己已经长大了。店主和女孩的家人很熟，就把黄油、收据和找的零钱一起放进了袋子里。“这是给你的毛毛虫软糖，”店主温柔地说道，“记得告诉你祖母，新布料下周就到了。”

小女孩喜欢跑腿的活儿，因为她总能得到小奖励，同时她也为自己才 5 岁就能独自去买东西感到自豪。

做布谷鸟钟的人还在仓房门外等她。“看呐，”

他说道，“钟在这儿呢！”他把钟搬到了外面，小女孩凝视着这件漂亮的工艺品。“您真是太有才华了！”她说道。老人听了眉开眼笑。“现在我得赶紧回家了，我会告诉祖母您做的新钟的！”小女孩挥了挥手，沿着小路向家跑去。老人笑了，他喜欢孩子愿意花时间欣赏他的作品。成年人大多都太忙了。

祖母已经生好了火，一切都准备就绪了。她迅速拿出黄油，把它和面粉、牛奶、鸡蛋、酵母和在一起。祖母干活的手很轻巧，动作很娴熟。尽管她穿着一条又旧又脏的围裙，但在小女孩的眼里，她就像一位女王。

周日的面包实在太、太、太好吃了。平日里的面包又硬又黑，周日的面包却又轻又软又甜。小女孩喜欢周日，毕竟，那是她出生的日子。

第三章

从简单开始

给孩子讲故事理想的开始时间是在孩子 3 岁左右，再早点的话当然更好，但如果你迟迟没有开始，到了孩子 5 岁的时候，他们往往会很难适应突然开始讲故事这件事。如果孩子已经习惯了电影和电视中高度刺激的故事，他们将更难适应你讲的平淡无奇的故事内容。所以在孩子快要出生时或者从孩子出生的第一天就开始讲故事，可能会大有裨益。不过大多数孩子在三四岁的时候和父母的关系依然很亲密，所以在这时开始听父母讲故事，他们依然非常容易投入其中，即使这对他们来说是一种新的体验。

从小给孩子讲故事，对父母自己也非常有好处。就像我们在本书中讨论过的那样，讲故事关乎你和孩子之间的关系。如果你是讲故事新手，你就会发现，趁着孩子还能满足于简单故事的时候开始，更容易上手。随着孩子渐渐长大，你讲故事的技巧也会变得越来越娴熟。另外，如果孩子从小就习惯了听你讲故事，并习惯了讲故事带来的亲密关系和舒适感，那么他就不会觉得你讲的和从电视、电影中看到的故事难以区分。在很多情况下，他会更喜欢听你讲的故事。总之，无须把你的故事和电视、电影中的相比较，因为你和孩子都会意识和感受到其中的不同。

讲给婴幼儿的故事应该非常简短。“躲猫猫”是第一个可以建立亲密关系的故事。这个故事很简单，只要说“我看到你啦，我爱你。我发现你啦，你是最珍贵的恩赐”就非常好了。随着孩子渐渐长大，开始探索自己的身体，故事也要随之扩展。我们可以用双手假装一个小人正在爬山（这座山是孩子的胳膊），小人还在寻找一个铃铛（耳朵）和一个拨浪鼓（鼻子）。这些探索发现的故事可以让孩子感受自己的身体部位，温柔的抚摸能增强孩子和看护人之间的联系。讲这个故事的关键在于不断重复和使用短句。

孩子开始会爬、会站、会自己探索世界的时候，就可以听关于物品的小故事了。“有一块儿小石头，他跳上桌子，然后扑通一声掉进了水里。”这样的故事情节，加上你手部动作演示的石头的移动，以及溅起的水花，足以吸引孩子的注意。他会经常想听你反复讲同样的故事，并且会自己表演其中的部分情节。

孩子两岁左右时，就可以在故事中加入角色遭遇危险的情节了。例如，“一个小男孩从妈妈身边走开，来到一棵大树下。他回头一看，那是什么？天哪，一只熊！快跑！于是，他迅速跑回家找妈妈去了。”这个年纪的孩子还没有准备好面对现代故事里错综复杂的危险情节，所以故事要简单一点。

3岁的孩子会开始建立友谊，尝试离开爸爸妈妈，故事也要同步进阶。“绕到树后的孩子发现小熊是朋友，他们一起开始了一段小小的旅程，走过了桥，爬上了山，躺在草地上晒太阳。太阳公公要下山睡觉了，他们赶紧原路返回，下了山，过了桥，安全回到了家。”随着孩子的年龄增长，情节也要越来越复杂，故事中可以加入更多的朋友，增添更多的刺激点。经常讲故事，推进故事情节就毫不费力，你可以轻松地从孩子那里得到提示。

4 岁左右的孩子已经可以理解与有趣的故事联系在一起的复杂人物和情节发展了。他也会想要将情节和人物加入自导自演、日渐复杂的游戏里。

如果使用得当，这些故事将是你最有效的育儿工具之一，可以安抚、逗乐和教育孩子，因为它从我们多年培养出来的亲密关系中汲取了力量。

4 岁左右的孩子在成长过程中会遇到一种独特的情况，心理学家称之为“心智理论”。该理论的经典实验是在实验室里进行的一场小型玩偶表演：把一个孩子带到一张小桌子旁，实验人员在桌子旁操纵玩偶或娃娃把小点心放进盒子里，并盖上盖子。玩偶还会说，“留着以后吃”，随后离开舞台。接着，第二个玩偶上台，拿走点心，把盒子放回原处，然后离开舞台。所有这一切都发生在孩子的眼前。最后，第一个玩偶回来了，但在打开盒子前，实验人员问孩子：“你觉得它要找什么？”大部分 4 岁之前的孩子都会回答：“不找什么。”

心智理论是指个体理解自己与他人心理状态的一种

能力。年幼的孩子还不具备理解他人心理的能力。他们也许懂得爸爸和妈妈是不同的，但尚且无法凭直觉感受到爸爸和妈妈在想什么，不知道爸爸和妈妈的视角与自己的视角并不相同。上面的例子说明，孩子无法将第一个玩偶身上的信息与自己相关联。在 4 岁左右这种情况会发生变化，孩子持续发育的大脑能充分掌握人类这项非凡的能力。从那之后，他们的答案会跟我们的一样："找点心。"

故事是最有效的育儿工具之一，它可以安抚、逗乐和教育孩子。

成年人对心智理论习以为常，所以我们很难想象没有它会是什么样子。我们走进一家百货商店，看到收银台后的收银员、农产品区拿着苹果的男人、在过道聊天的两个女人、在她们旁边东翻西找的一群孩子，以及正往门口走的一对年迈的夫妻，立刻就知道他们要干什么。有科学家认为，少数动物也具有心智理论初级阶段的表现，但科学界一致认为，人类心智理论的表现更具明显的复杂性。

有意思的是，也是在 4 岁左右，孩子会开始保守秘密。大部分两三岁的孩子会真诚地承诺保守秘密，然后转身就告诉爸爸妈妈，而且丝毫不会意识到他们已经违背了诺言。这一举动常常会惹恼哥哥姐姐。4 岁孩子说谎的情况也比 3 岁孩子更常见。这些现象的产生都是源于心智理论。心智理论是用来评估另一个人或动物的意图、知识或观点的认知手段。它让故事复杂迷人，活灵活现。

故事是我们培养心智模式的主要方法之一。我们可以通过跟随不同的角色，选取不同的视角，来训练自己通过广泛多样的镜头来观察这个真实的世界，引申出超越故事主人公或我们自身的意义。这是故事对我们成年人依然具有吸引力的原因之一。我们会自然而然地追求更加饱满的情节和人物，因为它们可以给我们提供更多的视角。

记住，4岁只是一个标志，有些孩子发育得早一点，有些孩子发育得晚一点。但是，把4岁当作基准，可以帮我们理解为什么要让三四岁的孩子养成定期听故事的习惯——因为这会让你和孩子的故事之旅走得更长久，让你们的关系更加亲密。如果你错过了孩子的年幼时期，在孩子4岁时想要弥补也还来得及，但是五六岁的孩子就是一个成熟的小动物了，到那时再想弥补就难了。

如果你正在看这本书，但你的孩子已经五六岁了，也不要担心，你还有好几年的故事可以讲，但是你现在应该立刻做好准备。我们建议你做两件事。第一，回顾第二章《做自己》。像跟孩子介绍其他新的活动一样，讲故事一开始也需要一点勇气。你要适应这种变化，最好不要伪装成不是自己的样子，要对真实的自己有信心。第二，看接下来的第五章《基础工具》。其中我们列出了一些重要的技巧，可以让你的故事内容更加丰富多彩，对孩子充满吸引力。

孩子快 6 岁时，我们的故事就可以加入一些真正的危险情节了。这个年纪正是听童话故事的时候，比如吃小孩的巫婆、森林里的怪兽等。在此之前，讲独自斗巫婆或者打怪兽这种情节可能会吓着孩子，但现在孩子应该已经准备好了，他只需要一个森林朋友的帮助，比如一路被喂食的那只小老鼠。

有些孩子立刻就陶醉在这样的故事里了，但有些孩子会害怕这些故事，就像他们害怕面对成长的挑战一样。讲故事可以帮助孩子有勇气面对这些挑战，并坚信事情会有一个好的结局。

总之，我们建议你尽可能早点开始讲故事，甚至可以在孩子识字前就开始。这有助于为孩子设定基调，但更重要的是能够为你讲故事的能力奠定基础。这样，你的技巧会随着孩子的成长而渐渐提升。婴儿时期，故事主要围绕孩子自己的身体。随着孩子长大，故事的素材可以开始转移到孩子触手可及的简单物体上。之后，我们的故事内容渐渐发展到关于爸爸妈妈和孩子，然后是孩子独自一人或和朋友一起。在孩子 4 岁左右，他已经准备好开始复杂的冒险了。在故事中，他会遇到很多人物，偶尔也会遇到危险。我们跟着孩子的进度，可以完全放心地讲越来越复杂的故事。这一路走来和孩子建立的亲密关系会让这个过程非常美妙，即使孩子渐渐步入了青春期，他也会毫不犹豫地在我们的怀里休息，听我们讲故事。

练习 4 完整性

在这个练习中，我们想请你用 3 岁儿童的视角，也就是还没形成多角度的心智理论的视角，来探索这个世界。在这个故事里，孩子把父母、河流、太阳等一切都看作自身的一部分，他感受到了花朵的快乐，也感受到了暴风雨的悲伤，就像感受自己的身体一样。如果你的孩子年龄稍大一些，你可以把一个好奇宝宝无法区分自己和身外世界的故事讲给他听。你要试着打开思绪，去感受整个世界的样子。

小熊的首次出行

作者：西尔克·罗斯·韦斯特

刚开始讲故事时，父母最常讲的就是小熊的故事。其实小狐狸、小松鼠的故事也很好讲，但几个世纪以来的故事揭示了人类天性中对小熊的偏爱。下面这个故事就是我们为两三岁的孩子准备的关于小熊的故事。

从前有个熊妈妈，住在大山附近的山洞里。那一天，熊爸爸去钓鱼了。正值春季，河里游着许多鱼。熊妈妈正在期待着熊宝宝的出生。当看到熊宝宝终于出生时，她高兴坏了。熊妈妈把熊宝宝的毛舔干净，熊宝宝立即变得清爽又可爱。

熊爸爸回到家，看到了漂亮的熊宝宝，给了熊妈妈一个大大的拥抱，还有一条大鱼——熊妈妈得吃很多东西才能给熊宝宝喂奶。

一天，熊爸爸出去了很久也没回来，小熊这时已经认识去小河边的路了。小熊沿着小路走着，但他忘了告诉熊妈妈他要去哪儿。突然，小熊意识到自己迷路了，哭了起来。一只蝴蝶飞了过来，停在小熊的鼻子上，小熊又立刻高兴起来。站在树上的老猫头鹰被小熊的声音吓了一跳。

猫头鹰说："你是谁？你在找谁？"

小熊说："我在找熊爸爸，但是我找不到他。我也找不到回家的路了。"

"噢，你这只小傻熊，"猫头鹰说，"你的妈妈知道你在哪儿。"

小熊转过身，看到熊妈妈站在那里，一脸"我都知道"的表情。原来熊妈妈一直静静地跟在小熊身后，没有发出一点儿声音。小熊对熊妈妈大声喊道："我只是想找到爸爸！"

熊妈妈说："我知道，爸爸在这儿呢。"

小熊看到熊爸爸嘴里叼着大鳟鱼，正沿着河边的小路走过来。熊妈妈和熊爸爸都给了对方一个大大的熊抱，然后开始分吃肥美的大鱼。小熊问熊爸爸：“我下次能和你一起去吗？”熊爸爸说：“可以啊，孩子，但这需要很大的耐心。”

熊妈妈提议道：“不如下次我们三个一起去吧！”小熊开心地笑了。蝴蝶围着幸福的一家三口翩翩起舞，猫头鹰也向他们道了晚安——尽管现在还是中午。

第四章

养成习惯

讲故事需要经常练习，不要过分关注讲得对不对，关键是要养成讲故事的习惯，找到适合自己和孩子的方式。本章将探讨几个与时间相关的问题。

首先是要养成每天、每周定期练习讲故事的习惯。作为初学者，制定一个切实可行的时间表可以帮你坚持下去。在讲故事的技巧不断娴熟之后，按习惯就能轻松完成 80% 的“工作”，因为你和孩子到时间就会到熟悉的地方准备好讲故事和听故事。睡前时间就是个不错的选择。在学校，我们会在午饭后讲故事，要工作的父母可能会认为周六或周日早上讲故事最方便。

在讲故事的技巧不断娴熟之后，按习惯就能轻松完成 80% 的“工作”。

无论在什么时间讲，设定一个特定的讲故事场所都很有帮助——也许是一棵树下、一张沙发上或是一张床上。讲故事前固定做些什么事情也是有好处的，比如先刷好牙，换上睡衣，然后开始讲睡前故事，这样能让孩子有所期待。最重要的是，每个故事最好都以简洁的短语或歌谣开头和结尾。许多儿童故事之所以都是以“从前……”开始的，是因为这样就设定了故事的场景。慢慢地，讲故事的老手可以像巴甫洛夫用铃声唤起狗的食欲一样，轻松地把孩子带到故事世界中去。这样，我们养成的习惯本身就成了通往故事世界的桥梁。

言语暗示或习惯在陌生环境中尤为重要，比如在机场、在车里，甚至是在受到创伤或面临危险之时。孩子在焦虑或恐惧时需要转移注意力。困境之中，讲故事是能让人感觉舒适、提升家庭亲密度，并让心灵摆脱困境的绝佳方式。孩子平静了，家长也就平静了，一个好故事在有些情况下甚至可以挽救生命。如果你曾在孩子做噩梦、受伤或者出车祸后感到焦虑，你可能会有这种感觉——故事能吸引我们的注意力，给我们带来安全感，避免我们陷入创伤的死循环中无法自拔。使用固定的言语暗示，可以让孩子快速进入记忆中的舒适区，这通常比直接开始讲故事更有效。那么，我们怎么才能做到呢？定期练习。

我们认识的一位老师会唱一首很短的歌谣，内容是水手登船出海的故事。虽然歌谣还不到 20 秒，但它为故事设定了美好的开场，让我们这些听故事的人可以想象出水手登船然后驶向大海的画面。这段旋律将我们带到那里，然后故事开始。最后，她会重复那个老套的结尾，“咚巴拉，故事讲完啦”，这就和“从此以后，他们幸福地生活在一起”是一样的套路。

西尔克老师也有好几个开场语，但最常用的还是经典的“从前……”，她还有首老歌谣，“猴子嚼烟草，鸭子嘎嘎叫”，虽然前言不搭后语，却能吸引大家的注意。和许多父亲一样，约瑟夫也喜欢在故事开头来点自嘲。他通常会在故事开头耸耸肩说：“好吧，我来讲个故事。但你们不会喜欢的。不许笑。”

无论你选择什么作为讲故事前的习惯，都要找一些你觉得自然的事情，可以灵活多变，但原则是要简洁。如果你一直这么做的话，就会发现一个三个词的短语或者一小段旋律就可以让孩子迅速进入状态。如果你不相信，那就想一想手机铃声是如何在短短几秒之内影响你的心态的。

有些家长觉得他们没有充足的时间讲故事。生活本来就已经非常忙碌，一点缝隙都没有了。事实上，我们都面临这些困难，但一旦意识到讲故事是建立亲密关系和开启游戏的工具，我们就会发现它是一个省时的策略，而不是额外的负担。不管是在家还是在学校，我们已经多次见证了讲故事的作用，再怎么强调都不为过：讲故事可以建立亲密关系，构建和谐的家庭氛围，减少大量争论或制定规矩的时间。

特别是准备上学或下班回家这样的过渡时段，往往是父母一天中压力最大的时段。这些时候，父母心里通常装着好多事，对孩子的关注可能会不够，有时会引起孩子的不满、捣乱或哭闹。这时，讲个小故事是有助于家庭和谐的独特方式，而且总共才需要花 5 分钟的时间。下班回到家后，抽 5 分钟全神贯注地陪伴一下孩子，可以省下之后 30 ~ 60 分钟用来安抚和重建亲密关系的时间。这样也可以让我们放松下来。之后，孩子很容易就会主动去做自己的事情，家长也能安心去忙自己的事情。这样一来，每个人都感觉得到重视了，整个家的氛围也轻松了。

上学或小朋友聚会的接送时段也不好过。你曾遇到过孩子上车困难吗？试想，如果你有一个特别的故事，只在你和孩子都系好安全带的时候才讲，结果会怎样呢？这可能会成为只有你们两个才知道的秘密！你可以讲一场还在进行的冒险，每次讲两分钟，慢慢地讲几个星期。这样的故事会让孩子有所期待，而不是停留在不能继续玩耍的沮丧里。事实上，故事比玩具或糖果哄孩子的效果更好，因为故事能够实实在在地建立亲密关系。

在这些时刻，故事就是建立亲密关系很好的桥梁，因为它将关注点从诸如“你今天在学校或上班时做了什么”这样的盘问中转移，把这一刻变成了共同分享的时刻。我们的重点不是重述之前发生了什么，而是建立更亲密的联系。对很多孩子和成人来说，大家都不喜欢开门见山、单刀直入地被问一些问题，我们更喜欢缓慢一点、温柔一点、含蓄一点的方式，而讲故事就像把你的问题装在一个柔软的大气球里。养成这种习惯之后，充满压力的过渡时期就会变得十分惬意，你也不会觉得讲故事是负担了。

练习 5 从前……

选择在一个短语、一首歌谣或者一个日常习惯之后开始讲故事。故事要简单好记。你也可以尝试在一天内的不同时间和地点讲故事，试着找出最适合你的时间和地点。尽管没有哪种讲故事的方式是完美的，但还是要尽量完善故事的开头和结尾。你会发现这不仅能让孩子，而且会让你自己进入平静的状态。多关注有效信息，忽略干扰信息。

练习 6 成功的烂故事

在下一次你家里出现让人紧张的情况时，试着讲个故事。这需要一些勇气，但你可以试着在一切失控之前，向大家招招手，吸引所有人的注意，然后开始讲故事。你不需要知道故事会讲到哪儿。如果你能想起来，可以在故事里放一两个大家都知道的素材。即使你的故事和当下发生的事没什么联系也不要紧，它依然可以让我们的情绪在两三分钟内平静下来。故事虽然解决不了冲突，但可以增进亲密关系。而亲密关系具有积极的影响，可以让所有人把问题暂时搁置，然后心平气和地去解决冲突。在这种情况下，非常糟糕的故事有时会尤其管用。讲得太糟糕就会令人发笑，即使对方不想笑，也是很治愈的。如果你的小宝宝闹脾气了，或者你的妻子/丈夫回到家心情不好，你都可以试试这个方法。故事为人们提供了一个进行商议的场所。

不想背龟壳的乌龟

作者：西尔克·罗斯·韦斯特

“老师，我累了！我不想背书包了！”一个 4 岁的孩子抱怨道。他经常在周一返校的时候这么说。现在我们正在去快乐谷的路上，今天的路程对所有孩子来说都很艰难。天空灰暗，天气很冷，但我知道他只是需要一点关注，然后就能继续走下去。我们在一棵矮小的常青树前停下了脚步，这棵树上满是积雪。

“好了，我的孩子们，坐下听我讲，”我说道，“你们听过‘不想背龟壳的乌龟’的故事吗？”实际上，我自己也从没听过这个故事，但是我看到它正在我眼前慢慢展开。孩子们有点好奇地看着我，他们很开心可以休息一下了。

从前，有一只小乌龟，总是跟在龟妈妈身后。小乌龟厌倦了做乌龟，也厌倦了压在她背上的房子。“妈妈，”她说道，“我不想当乌龟了。为什么我不能是一只鹿或臭鼬呢？那样我就不用背着这么重的房子了，我就可以去森林里自由地奔跑了。”

“噢，我的小宝贝，”慈爱的龟妈妈答道，“以后你就明白了。你想去看看巨大、凶猛还很危险的东西吗？”（不想背书包的那个小男孩喜欢和假想的怪兽战斗，喜欢别人将他看作凶猛狡猾的斗士。）

“哦，当然了。”小乌龟答道。

“那好吧，”龟妈妈说，“如果你背上你的房子的话，我就可以带你去那儿。”

“好吧。”小乌龟同意了，她跟着龟妈妈慢慢地往红猫经常出没的地方走去。龟妈妈不害怕红猫。她之前撞上过红猫好多次，知道她的龟壳会很好地保护她。

龟妈妈迈着稳健的步伐，自信满满地走在前面，小乌龟匆匆跟在她身后。就在此刻，红猫也兴致勃勃地想要吃乌龟肉，他一看到龟妈妈就向她猛扑过去。龟妈妈迅速把头和脚缩进她的房子里，在里面耐心地等待着。小乌龟跟着妈妈有样学样，尽管红猫扑到了她的身上，甚至还把她抛到了空中，她仍安然无恙。红猫的舌头舔到了小乌龟的鼻子，但他的牙齿无法咬穿小乌龟坚硬的外壳。

“真开心我的背上有一座可以保护我的房子！”小乌龟说道。

红猫大喊：“很好，我一点儿也不喜欢乌龟肉。我要给自己捉一只鹿或臭鼬。他们可没有这样又硬又蠢的外壳！”

一阵寂静之后，小乌龟探出头对龟妈妈说：“真开心我有一座可以保护我的房子，即使我得一直背着它！”

“我知道，小宝贝。我也是这么想的！”

这个小故事能让我们休息片刻，并以一种充满爱和理解的方式转移我们的注意力。小男孩没有被单独安慰，但他感到自己得到了理解。之后一路上，他再无抱怨。抱怨、远足、背包，这些素材都是我们搭建故事的桥梁。孩子们已经习惯了各种情况下我开始讲故事的方式，当我说完“你们听过……的故事吗”，我就吸引了大家的注意，无须强制要求了。

在这些故事里，动物是绝佳的帮手。我们用动物设置安全距离，不会让孩子感觉受到威胁。如果故事的联系太直接，比如，“从前有一个男孩，他不想背书包……”，那么这个孩子可能会觉得很难堪，也就不能轻松地听故事了。故事要有一个幸福的结局，让听者受到鼓舞去面对曾经的困难。这就是故事环：真实的情境带来想象的故事，想象的故事再赋予现实新的意义和目的。

第五章

基础工具

我们希望你对自己讲故事的能力重燃信心。故事根植于你内心深处，讲故事是你与生俱来的能力，就像没有理由因为别人在波士顿马拉松比赛中获胜而停止走路一样，也没有理由因为别人拍了大片而停止讲故事。我们的目标不是在皮克斯谋一份差事，而是和孩子建立亲密关系。

既然你已经做好了讲故事的准备，本章我们就为你介绍一系列打造成功故事的经典工具。为了给你提供一些有用的建议，我们将本章分为 4 个小节：充满小东西的大世界，颜色、形状和材质，玩偶和道具，发掘主题。每一节后都会有一个练习，最后还有一个故事范例，将该节内容串联在一起。

充满小东西的大世界

有史以来最成功的讲故事技巧之一就是对简单平凡的物件进行精巧加工。这一技巧在很多经典童话里都能看到，比如《精灵与鞋匠》《亲爱的，我把孩子缩小了》《格列佛游记》《霍顿与无名氏》等（第一章中以钢管里的小矮人为主角的故事也是一个很好的例子）。经典文学作品中充斥着大量的仙子、精灵和小矮人的形象，这股潮流如今正卷土重来，再加上将小动物人格化、让小生物出现在巨人世界中，这些都是儿童文学的一笔巨大的财富，我们要充分利用这一点。

本节以及本书的重点在于帮你把孩子的注意力吸引到某个事物上来，挖掘其中可以想象和创造的空间。要做到这一点，最可靠的方式之一就是讲故事。比如，你可以讲住在石头里的小矮人的故事，然后描述一下石头里面是什么样子；也可以简单地讲蚂蚁在冬天醒来后去滑雪的故事。

只要把故事发生的地点设定在熟悉的场地，故事环就能让我们有机会引导孩子的关注点，帮助他们学习。如果孩子对小矮人在石头里的情节感兴趣，那么，他不仅会喜欢这个故事，还会发现很多现实世界中关于石头的科学知识。讲个小水人聚集在云层里，变成雨落下，最后又蒸发回到天上的故事，比上课更能吸引孩子们了解什么是水循环。有讲故事天分的人可以利用这个简单的策略引导孩子的关注点并激发孩子对所有事物的好奇心。

练习 7 以小见大

在这个练习中，我们建议你找一个中等大小的物品作为故事的素材，而且要确保这个物品是你的孩子认识的东西。挑战就是你要以住在物品中的小矮人、仙子、昆虫等角色的视角描述物品内部和规模的奇怪变化。举个例子，你可以选择地球仪。对小虫子来说，地球仪就是整个世界，他可以在上面扬帆远航；也可以选择电视机，描述电视关掉之后，视频里的人物在电视机里会做些什么；还可以选择橱柜里的一只老鼠，或者大树上的一只松鼠。

颜色、形状和材质

填满色彩、气味、声音和材料之后，故事就会生动起来。描述性的语言会帮你吸引和保持听众的注意力。

进化理论学家布雷恩在他的《论故事的起源》一书的结论中强调，注意力在人类整个进化过程中扮演了重要的角色。作为社会性动物，我们一直在以某种微妙而粗鲁的方式争夺彼此的关注，那些拥有更多关注的人往往能够在社会上占据主导地位。我们可以充分利用这一点。故事里的惊喜、颜色、动作、节奏变化以及突发的转折不仅是吸引注意力，也是保持注意力的重要方式。

书面故事每隔一句话就以“突然”开头会让人觉得奇怪，但口述故事不会。要想故事引人入胜，我们就要使出浑身解数吸引听众的注意。这意味着我们要在故事中添加五花八门的动作和曲折离奇的情节。在家长要与电影导演和动画师比拼讲故事技巧的当下，我们的故事必须生动。好在我们拥有丰富的想象力，也很容易让故事生动。

你讲故事的同时，孩子也在他自己想象的世界里漫

步。加入颜色、味道和材质等元素，不仅会让故事更加引人入胜，也会使孩子的想象力更加丰富。如果故事里的主人公要下水，不妨花点时间说说河水是冷是暖，但不要花太多时间在夸张的描述上。改变讲述的节奏，想象一下故事主人公的期待和激动之情，从伸脚试水，到河水一点点没过膝盖、大腿和腰，再到肚脐眼往上，然后漫过双肩、脖子、嘴唇、鼻子、眼睛、前额……天哪！他整个人都下水了！

细致描绘这样的时刻或者事物的突然变化，再加上颜色和音效，我们就能让孩子彻底沉浸在自己想象的世界里了。而且由于故事环的作用，孩子不仅可以在想象的世界里走得更远，还有机会把这种想象和兴奋带入现实世界。

练习 8 进山洞

山洞在很多故事中都扮演了重要的角色，它们代表着黑暗和神秘。将你讲述的角色置于山洞之中，把周围环境变黑。在山洞深处靠近尽头的地方，有一束微弱的光，那里可能会有一些声音。主人公朝那里走去，突然间，他发现一切都明亮了。把主人公会看到的神奇景象准确详细地描述给孩子听。如果主人公看到的东西很可怕，要确保他有应对的办法；如果很美，就让主人公花点时间欣赏它。不管发生了什么，你都要让自己讲述的角色在完成体验后离开山洞，回到阳光下。

玩偶和道具

玩偶这个主题值得单独写一本书，但令人遗憾的是，大部分关于玩偶的书讲述的都是如何制作玩偶，而不是如何用玩偶讲故事。那些书大多是写给专家看的。相反，我们的目标不是教人制作一个精美绝伦的玩偶，而是让讲故事新手从家中找到可以当玩偶的常见物品。

玩偶可以是一个小娃娃，也可以是一辆玩具车。把玩偶拿在手里，就可以通过它的视角来探索窗沿或抽屉里的东西了。有人发现，如果你扮演玩偶的角色，讲故事会更容易。你可以站在玩偶的角度，用它的声音讲故事，这会帮你减轻一些压力。一根胡萝卜也可以被当作玩偶——他或许会在野餐垫上这儿敲敲，那儿敲敲，想找点好吃的。为了保持故事环的完整，玩偶本身就成了连接现实世界和想象世界的纽带，让孩子有机会在故事结束后将角色掌控在自己手中。一个刚刚“目睹”了自己最爱的玩偶在抽屉里认真翻找东西的孩子，可能会带着玩偶一起跑去沙发底下看看有什么。

有些“桌面玩偶”通常是偶然被发现的，但我们也可以特意做出安排。比如，在桌上放几个娃娃，用石头或其他什么物品当作池塘、树木和房子。你讲故事时，可以用娃娃来进行表演，比如走到池塘边，然后在那里遇到了一只友好的鸭子。故事完成后，可以将整个布景交给孩子。他们喜欢重演故事，并在故事中增加新的元素甚至是新的人物。这样一来，你就积极地使用了玩具、玩偶和道具作为讲故事的工具。当你把它们交给孩子时，你给他的不仅是一堆玩具，而且是一个能让他参与其中且充满想象力的故事。如果你的孩子常常抱怨枯燥无聊，或者找不到事做，这样的故事会非常有帮助。

袜子玩偶对讲故事新手来说也很简单。你需要做的就是把旧袜子套在手上，并给袜子画上两只眼睛。你可以先从发出简单的“啊”和“哦”的声音开始，配合玩偶嘴巴一张一合。仅仅这一个动作就能把孩子和讲故事的大人都逗笑。接下来，如果你准备好了，就可以让玩偶开始说话了。

小孩子对玩偶着迷是因为他们不会浪费时间怀疑玩偶的真实性。他们可以立刻跟这个“第三者”建立联系，而你，讲故事的人，则会被逐渐淡化。优秀的玩偶表演者的秘密就是——使自己消失，这一点也正是玩偶，尤其是简单玩偶对讲故事新手来说很有帮助的原因。玩偶占据了视线的焦点，减轻了讲述者的压力，让我们这些可能觉得有点害羞的人在讲故事时感觉更自在。

把玩偶想象成来找孩子玩耍的玩伴，或远道而来的祖母、外祖母，或一只玩偶小狗，代替孩子一直想要的真正的小狗。“汪，汪，”小狗叫道，“我感觉自己像一只旧袜子。我希望我能有两只耳朵和一条尾巴。”孩子咯咯地笑了。你现在可以用自己的声音对孩子说：“或许我们可以给他做对耳朵！”随后由小狗带你们去找碎布，你在小狗的眼睛上方缝了两只耳朵。“汪，汪，”小狗叫道，“我感觉好多了！现在，再来个舌头怎么样？”

用玩偶讲故事时，最好能有停顿，这样孩子会自然而然地成为积极的参与者，回答玩偶提出的问题，比如，“你家里有小狗吗？”如果孩子回答没有，那么玩偶小狗可以说：“我希望可以有个孩子每天陪我散步，教我钻呼啦圈的技巧，这样我就可以和他一起去马戏团了。汪！我们可以逗乐所有人并且让他们鼓掌叫好。那会很有意思！”故事的走向可以由孩子来决定，他会自然而然地开始和玩偶对话。这样做也方便了家长或其他讲述人，只要对孩子的回应做出反应就可以了。

发生棘手的情况时，讲述人也可以利用玩偶从中调解。我们还是用玩偶小狗举例子吧。想象有一个怕狗的孩子。“你好，”小狗可能会说，“我的名字是斑斑，你叫什么名字？我是一只乖狗狗，但我有点怕小孩。你是乖小孩吗？你能保证不拽我的尾巴吗？哎呀，我现在已经没有尾巴了呢！我喜欢玩捉迷藏，你呢？你想听拽我尾巴的那个孩子的故事吗？你想知道我是怎么把尾巴弄丢的吗？”这样能让孩子有机会表达自己并且能够在安全的环境下缓解孩子对狗的恐惧。当孩子生家长的气，不想听他们说话时，这类“调解员”会起很大作用。再发生这种情况，就派斑斑出马吧！

故事根植于你内心深处，

讲故事是你与生俱来的

能力。

故事结束时，最好让玩偶说："现在我要走了，但我保证我还会回来的。"而对于本节开篇描述的桌面玩偶，我们建议把它和布景留给孩子接着玩。随着孩子逐渐沉浸在故事中，讲故事的人被淡化，玩偶可以担任更多的角色。这样一来，玩偶不仅是玩具，还是故事中的角色和讲故事的助手。关键在于，玩偶由你掌控，而不是孩子。

想象一下，第二天，你的孩子上学出门困难。你可以这样叫他赶紧准备好："斑斑在车里等你呢，他想陪你去学校。也许他可以在我开车的时候讲个故事呢！"当孩子终于上了车时，你可以说："斑斑知道了早上的情况。他有些担心你今天不会来了，但还是一直在等你。"到了学校，如果孩子对你和斑斑一起说了再见，就表示他对放学有所期盼了。

如果孩子喜欢玩这个玩偶，你可以主动给他也做一个。这样你们俩一人一个，两个玩偶就可以互相讲故事或者一起去冒险了。你也可以用盒子搭建一个简易的玩偶剧场，跟孩子一起演玩偶剧。可以唱首小曲开场，或者给观众发张门票。你还可以收集玩偶，不同的节目用不同的玩偶表演。大部分玩具店都出售玩偶，但我们不建议家长和孩子一起购买玩偶。它们最好由你在故事中用人物的角色一一引出，这样可以保持故事的神秘感。

记住，藏在特殊地点的玩偶会更有效果。如果玩偶只是作为孩子收藏的一部分，它们就会失去价值。为什么？因为玩偶是你讲故事的工具。

西尔克老师就会做玩偶。她有一个手提箱，里面装满了龙、骑士、老奶奶、警察、男孩、女孩、乌贼、鸟，以及用木头、布、毛毡、铁丝、羊毛和针织品等材料做的各色人物。西尔克老师的玩偶手提箱已经跟着她走遍了世界。孩子们认得这个箱子，它每每出现时都意义非凡。讲故事新手不太可能把玩偶剧做到这种程度，但我们希望本节能给你提供一些能使你立刻上手的方法。如果你有兴趣进行更进一步的探索，市面上有大量专门讲这方面内容的书籍。

用丝绸或布料做的玩偶不仅制作方法简单，而且材质很好，仿佛天使一样。睡前关上灯，点亮蜡烛，它们会显得分外可爱。玩偶可以唱摇篮曲，讲简单的故事，帮孩子安静下来，幸福地进入梦乡。玩偶能够带走孩子一天的烦恼，然后通知他梦中仙子该来了。这些玩偶做起来很简单。将一块方形的丝绸或布料沿对角线折成三角形，在折痕中间的位置捏个头，往里填一撮材料，再打个结，然后在两个拐角处各打一个小一点的结当作手。这样，只需用三根线把玩偶的头和两只胳膊连接起来，就可以让它动起来，非常神奇。

最后，我们再讲个关于玩偶的创意故事来结束本节。“伦道夫是一个和本书差不多大小的手织娃娃。他一边看着自己脚上的洞，一边对着孩子们大笑，‘啊，我的制作者在织我的时候用针有点马虎，不过我不在乎！我不担心自己被撕破或弄脏。看，我找到了一些画笔！’他有点儿调皮，拿起手中的画笔，挑了自己最喜欢的颜色，然后用画笔在纸上跳起舞来。‘这就像用扫帚扫地一样！’他说。伦道夫非常开心。”听故事的孩子们也很开心，纷纷拿起画笔，在纸上画了起来。这样你就将绘画也变成了故事中的一部分。

练习 9 改变声音

这个练习需要一点勇气。找个娃娃，苹果也可以，只要能在某个方面看出你独特的个性就可以，然后让这个角色给孩子讲个故事。如果你是一个乐天派，那就可以选择一根湿漉漉的、沮丧的、对任何事物都提不起来兴致的香蕉；如果你是一个保守派，则可以选择一辆有点冒险精神的赛车。不管选择了什么，要让它带走你平时的压力。记住，这不是你的故事，而是你选择的角色的故事。

发掘主题

有经验的人讲故事通常有一个或多个可以借鉴的主题，它可以是在从前的冒险中重复出现的角色，也可以是城堡和村庄这样的场景，还可以是在脑海中天马行空想象出来的仙子和小矮人。选择这些熟悉的主题直接进入故事，就如同走捷径通往故事王国。反复使用一个主题可以使故事的内容更丰富，细节更精妙，这是在只讲一次这个主题的情况下很难达到的。但总是使用同一个主题，会使你讲故事的技艺生疏，所以最好把很多个主题结合在一起使用。

我们可以从一个特别好的故事里发掘主题，让同一角色开启新的旅程是比较容易的，在讲过几次这样的故事之后，我们可以设定故事的基本场景和规则。这样，我们几乎不用想就能创造其他新的主题了。**主题通常反映了深层次的价值观念**，后面的故事范例会对此进行说明。

当我们俩开始一起讲故事时，出现了一个有意思的小插曲。西尔克喜欢讲国王和王后、王子和公主的故事。她的故事里有整个中世纪的村庄，村庄里面有面包师、磨坊主、龙和巫师，而且她时不时地就会搬出这些人物。而约瑟夫很难接受这一点。在他看来，这个主题令人生厌，有等级制度和性别歧视的味道。所以在故事之中我们展开了漫长而有趣的对话，也梳理出了我们的一些价值观念。

我们经常在午饭后和孩子们分享故事，通常由西尔克给故事起个头，然后由约瑟夫来收尾。我们有很多共同的观念，但我们讲故事的方法却截然不同，因此讲出来的故事像是个奇怪的复合体——有些故事像被施了魔法一样一飞冲天，有些故事则像巨人一样倒地不起。在这个过程中，我们谁都没有完全弄清那场涉及我们自身生活的主题或观念的对话。

西尔克是在离中世纪城堡只有几英里远的一个德国小村庄里长大的，对她来说，这个村庄有深刻的寓意，每个角色都很典型。国王和王后不是暴君，他们肩负着保护全体子民的重任。龙并不邪恶，是神秘和黑暗的化身。面包师负责烘焙美味的食物，农民不管身处战争还是遭遇干旱都坚持种地。公主不仅穿着百褶裙，还能看透真相，就如骑士用长矛刺穿盔甲一样。

约瑟夫最初的反应与个人主权有很大关系，这在他出生的美国都市里是个很普遍的主题。他故事里的公主和磨坊主常常追求自由和自我表达，有时甚至会以被孤立为代价。

最后，我们从彼此身上都学到了很多东西。我们互相影响、渗透，各自讲的故事也随之一起发展。当然，孩子们并没有直接意识到这个过程，但他们确实见证了一年以来故事的演变。在这个过程中，他们也亲自探索了这些主题和价值观念。

练习 10 打开食品柜

在这个练习中，我们请你去参观食品柜，让每个罐子里的食物自己说话。食品柜里会发生什么故事呢？“看不见我，看不见我。”花生酱说道。意大利面说：“让我们去泡个热水澡放松一下吧！”巧克力说：“嘘！我不该在这里的。”意大利面和通心粉之间会发生什么争吵吗？燕麦片会说些什么呢？试着探索这些在简单环境里孩子们都熟悉的角色，并创造一个或多个可以反复使用的主题。

小松鼠淘气脚

作者：西尔克·罗斯·韦斯特

第一次主动讲下面这个故事是在拼车等待的时候，之后这个故事持续了一整年。我有两个学生是兄妹，他们当时坐在车后座上。由于无聊，他们开始打闹，最后妹妹开始踢哥哥。尽管我多次制止，她也丝毫没有停下来的意思。于是我决定讲个故事来转移一下她的注意力。

“你们听过‘小松鼠淘气脚’的故事吗？”

“没有，请给我们讲讲吧！”

小松鼠本来不叫“淘气脚”的。他的妈妈给他取了一个很好听的名字，但是他小时候喜欢用脚踢他身边的其他动物，甚至还觉得这很好玩儿。可是其他动物不喜欢他那样。一开始有些动物对他龇牙低吼，有些动物讨厌、嫌弃他，最后所有动物都躲着他，看到他就喊“淘气脚来啦！快跑哇”。所以其实是因为这些动物经常叫他这个名字，大家才渐渐忘了淘气脚本来的名字。没过多久，淘气脚就感觉很孤单，连他自己也忘了自己的名字。

（这部分故事借鉴了发生在孩子间的事情，能让他们感觉被关注而不是被批评。故事中的角色减轻了孩子的压力，并让他们期待故事接下来的发展。）

小松鼠问道：“我的名字叫什么呀，妈妈？”聪明的松鼠妈妈让他自己去寻找自己的名字。松鼠妈妈给了小松鼠一袋坚果就送他出发了。小松鼠找到浣熊问：“我的名字叫什么呀？”

浣熊说：“淘气脚呗，还能叫什么？！”

后来，小松鼠又来到熊的洞穴，问了同样的问题，熊却只回答：“你的名字整个森林都传遍了。你肯定知道你叫什么。”

然后小松鼠匆匆穿过一片橡树林。这时，他被树根狠狠地绊了一下，脚受伤了。小松鼠坐下大哭起来。一个小矮人从老橡树后面走了出来。他轻拍着小松鼠的尾巴说："你好呀，奔奔！"

"我不叫奔奔，我叫淘气脚！"

小矮人说："噢，看起来你开始喜欢其他动物给你起的名字了。或许你应该继续叫这个名字，但是你要学着用你的脚去帮助别人，那样你就不会这么孤独了。为什么不拿上你的一袋子坚果，然后在每个动物家的门前都放一个呢？大家会看到你的脚印，知道是你放的，但是不要等他们来谢你。如果你可以连续放三天，就会看到神奇的事情发生。"

（故事进行到现在，孩子们都很兴奋，想知道结果。你可以创设自己的故事结局。我选择的是我愿意看到的结局：孩子们改变对彼此的行为。）

回家路上，小松鼠一路快跑，在森林里每个动物的家门前都放了坚果。到家后，小松鼠又问妈妈要了一些坚果。他说："我的名字是淘气脚，我想继续叫这个名字。我喜欢这个有趣的名字！我知道我以前叫奔奔，但以后奔奔就是我的秘密名字了。"松鼠妈妈看着小松鼠满脸高兴的样子，赞许地点了点头。

接下来的两天，小松鼠淘气脚走遍了森林去送坚果，动物们开始私下议论他，并决定给他一次一起玩儿的机会。他们玩儿的游戏叫“踢松果”。淘气脚踢得很棒，大家都夸他。他对动物朋友们说：“谢谢你们给我取的名字！从现在起我会好好地使用我的脚，但我还是希望你们继续叫我淘气脚。”这就是“淘气脚”这个名字的由来。

两个孩子听完故事，露出了灿烂的笑容。故事可以让人和孩子分享自己的价值观念，并温和地引导他们做出更好的行为，而这只需要讲故事的人能够发现孩子的优点。

第二天，孩子们问：“你能再讲一个‘淘气脚’的故事吗？”我就又讲了小松鼠淘气脚帮助臭鼬朋友的故事。在这个故事中，淘气脚变成了英雄，帮助了其他动物。整整一年的拼车等待时间里，我们都在讲这些故事。有时，孩子们会让我给不太友好的朋友讲讲淘气脚的故事。孩子们明白，简单的故事能有很大帮助，而在我看来，讲故事也是最好的教学工具之一。

第六章

安抚故事

讲故事的重要作用之一就是吸引并转移人们的注意力。第一章，我们称之为故事环——从普通的场景出发，讲个故事，最后往往会带着新的视角回到同样的场景。对讲故事的新手来说，这通常意味着需要创造一些天马行空的新想法。这类故事可能仍是每个讲述者的基础练习，但随着技艺不断娴熟，你会开始在各式各样的场景中发现讲故事的机会。

简单来说，叙事结构是吸引关注的有力工具。如果你觉得吸引孩子的注意力很费劲，就可以考虑讲个故事。故事通常可以缓解直接询问或命令所带来的冲突和沮丧。另外，熟练的讲述者可以把孩子的注意力吸引到他选择的任何事物上来。这就是故事环的精髓所在。在后面的章节中，我们将讨论如何使故事成为有力的教学工具，但本章我们主要关注的是故事的治愈效果。

故事本就是用来安抚人心的。无论什么主题的故事都可以让处于痛苦中的孩子得到安慰，转移他的注意力。受过伤、生过病，或经历过某些情感创伤的孩子可能会钻牛角尖，我们可以从各种行为中发现这一点，比如叛逆的两三岁孩子和情绪波动较大的青春期孩子，而他们都可以从故事中受益匪浅。情感的亲密会让他们感觉自己与他人心灵相通，继而平静下来，甚至还会让他们感觉自己更坚强了一点。

我们有个学生曾不小心跪在了一株仙人掌上。那是新墨西哥最厉害的一种仙人掌，叫“多刺仙人掌”。它一英寸长的针的末端，有像鱼钩一样的倒刺，刺扎进身体的时候很疼，拔出来的时候更疼。我们偶尔被扎到一两根还好，但是这次孩子受伤的地方足有6英寸长，仙人掌像个大型带刺蜥蜴一样牢牢地扎在他的小腿上。刚开始觉得刺痛时，这个5岁的男孩就僵住了。他知道自己遇上了怎样的麻烦。他牙关紧闭，快要无法呼吸。疼痛如此真实，令人无法忍受。

约瑟夫小心翼翼地朝孩子走过去，镇定地重复着“正常呼吸，不要憋气”。同时，西尔克已经猜到发生了什么，叫了一些朋友过来，“蒂姆，乔希，讲个好玩的故事帮帮你们的朋友迈克尔吧。”她说道。蒂姆和乔希看了一眼，立刻意识到了情况的严重性。他们迅速投入到滑稽的表演中，重现一周以来最精彩的场面，手舞足蹈，又喊又叫，各种扮丑。迈克尔原本紧绷着脸，表情痛苦，这会儿开始大笑起来，然后笑着笑着又绷紧，绷着绷着又笑了。你可以从他的声音里听到他的挣扎。最后，故事将他完全吸引住的时候，约瑟夫慢慢接近仙人掌，然后迅速一拉，迈克尔的裤腿一紧，仙人掌被拔了出来。迈克尔的脸涨得通红，他站了起来，鞠了个躬，最后摆手让我们离开。“我没事了，”他强忍着眼泪说道，“我没事了。”经过5分钟的快速检查之后，他又回去和朋友一起玩了。

苦难是人生常事，不可避免。但如果我们迎头直面，或者一味关注解决办法，就容易把全部注意力都集中在失意和问题上，让痛苦加倍。这些时候，故事就是独一无二的良药。正如第四章《养成习惯》中讲述的那样，如果我们形成了进入故事时间的口头暗示或习惯，在棘手的情况下我们可以用它把孩子的意识引入安全亲密的状态，这比阿司匹林或布洛芬进入血液还迅速。

我们说讲故事有这样的作用可能会让一些读者感觉夸张。大多数情况下，我们把讲故事视作一种娱乐方式，但如果我们抓住了讲故事的核心——建立亲密关系、推进人类的进化过程并通过叙事结构传达信息和意义，我们就会明白，这个人类独有的工具可以帮助我们又快又准地与孩子沟通。同样重要的是，讲故事建立起来的亲密关系是双向的：孩子被安抚好了，家长也就宽心了。

再来看这样一个场景：妈妈正在准备蛋糕，过生日的女孩在兴奋地分发小礼物，是那种一吹就会伸出去、不吹又会卷回来的小玩具。吁！呼！孩子们玩得不亦乐乎，直到过生日的女孩发现，她把所有的小礼物都分出去了，自己一个也没剩下。在朋友们闹哄哄地跑来跑去，一边呼呼吹一边咯咯笑的时候，小寿星却大哭起来。她的妈妈正在点生日蜡烛，突然发现孩子哭了，感觉有些慌神。妈妈、过生日的女孩还有其他孩子，每个人都察觉到了异样。混乱就要来了，但这时有人喊道：“嘿，我跟没跟你们讲过……”

故事带走压力，吸引了所有人的注意，原本的烦扰就被转移了。故事可以使讲的人、听的人以及在场的其他人的情感同步。它不必是一个长达20分钟的惊险故事，通常只要一个1分钟的小故事就足够了。

练习 11 缓解痛苦

下次在孩子遇到困难的时候，试着给他讲个安抚故事。不管是身体上的疼痛，还是难以克服的情绪；不管是一场噩梦，还是你俩之间的一场冲突；不管是什么，只要不是那种像伤口流血一样，而是能用其他方法轻易治愈的情况就可以。故事不是转移话题的借口，但有时却是唯一可用的良药。

拉莫娜和彼得

作者：约瑟夫·萨洛西

“噢！爸爸！”我6岁的女儿大叫起来。当时是在半夜，我能从她的叫声里听出她的焦虑。尽管我非常想睡觉，但还是爬了起来——我不能装作没听见。之前也有过几次这样的经历。“嘿，宝宝。”我慢慢靠近她，发觉她整个身体都在扭动。她非常生气。

女儿去年得的皮疹突然复发了。白天的时候，一切都很好，有很多分散注意力的东西，她几乎感觉不到痛痒，但到了晚上，房间里漆黑一片，寂静无声，她就感觉奇痒无比，难以忍受。我们看过医生，也接受了很多药物治疗，但都没用，上次发病时我们就知道了，痊愈只是时间问题。这对家长来说非常煎熬，睡眠不足困扰着我们所有人，但大多数时候我们只能眼睁睁地看着她，无能为力。

除非，采取这个办法。我轻轻地用凉水为她清洗了疹子，重新涂上药膏，然后躺到女儿旁边说：“我要给你讲个故事。你还记得前几天那个海龟的故事吗？”

“记得。”

“这个故事没有那个好。”

幽默，是我开始讲故事的方式。她摇摇头，我可以感受到她的肌肉在缓缓放松。我开始怀疑皮疹和压力有关——一种我的女儿还不懂得用语言去表达的压力。

“这是关于拉莫娜的故事。你见过在峡谷边盘旋嘶鸣的红头鹫吗？”我问道。

“见过。”

“没错，拉莫娜是只秃鹫。她喜欢张开双翼，乘着温暖的风在空中翱翔。拉莫娜真的很漂亮。长羽毛的鸟儿在风中飞翔，真让人赏心悦目。”虽然看不到女儿的脸，但我知道她在笑。我们曾一起讲了无数个故事共享时光，所以她知道怎么进入故事。我一开始不知道故事会用到什么素材，只是选择了一种鸟，一种她看过上百次、能认出来的鸟，而且我把这只鸟定为雌性，这样女儿就可以和她产生共鸣。

“拉莫娜因为要找地方筑巢，所以在外飞翔。她才刚刚离开父母，夜里一直睡在树枝和悬崖上。她心里清楚，是时候给自己安个家了。在飞跃骨峡谷（当地地标，我知道女儿能想象出来）时，拉莫娜发现了一处完美的地方，在陡峭的悬崖正中间有一块岩架，刚好够容纳一只秃鹫，而且这里上下都是垂直的岩石，山猫永远上不到那里去。

“你看那只山猫，他总是在附近出没，埋伏在鼠尾草和矮松树后面。秃鹫从来都是不好抓的，因为他们会飞。但如果秃鹫的栖息地太靠近平原地区，山猫有时就会偷偷靠近，放慢动作，一跃而起，然后抓住秃鹫！”我停顿下来，想要营造气氛。

“不，爸爸，”女儿说道，“我不喜欢恐怖的故事。”

“我知道，”我说，“但是我跟你讲，拉莫娜选的这个地方是极好的。山猫根本不可能上到那儿去。谁都上不去，除了秃鹫。总之，拉莫娜检查过了。在岩架上，她可以俯视格兰德河，南北向都可以望到很远。准备好后，拉莫娜张开了巨大的双翼，呼，飞进了峡谷。

“拉莫娜一整天都在收集树枝和草料，还有各种做窝的东西。当她收集全了之后，你知道发生了什么吗？”

“什么？”

“拉莫娜饿了。那么，秃鹫吃什么呢？你知道，我也知道，就不兜圈子了。秃鹫吃动物的死尸，那就是他们的食物。秃鹫不用穷追猛打猎取食物，只要到处飞，寻找死尸就行。你知道秃鹫是怎么找到动物死尸的吗？”

“怎么找？”

“嗅嗅……秃鹫用鼻子找寻死尸。”我在女儿耳边发出大声嗅的声音，像只狗一样急切。“我的意思是，秃鹫也能看。他们的视力很好，像鹰一样，嗅觉也格外灵敏，并且只喜欢腐肉的味道。是不是很可笑？但也不能怪他们，大自然就是这么回事。”

“真恶心。”

讲到这里，女儿已经有几分钟没抓痒了。她完全放松了下来，躺在爸爸的身边，注意力全都集中在故事上。我特意调动了不同的知觉，闻到的气味、看见的事物和听到的声音，只要想象一下场景，然后把我脑海里的说出来，就能让听故事的人感受到。我不讲究叙事结构或情节，而是通过语言的变化和声音的抑扬顿挫让听众一直沉浸其中。所有这一切都有点做作，但我却很放松，像个傻瓜一样。我的女儿，从她熟悉的、滑稽可笑的爸爸的举止中接收到了这个信息，也跟着放松下来。

故事需要讲什么？拿这个例子来说，如果我说故事讲的是一只名叫拉莫娜的秃鹫，那我就抓错重点了。我和女儿之间的沟通与故事的内容几乎无关，但它与那天晚上、前几个晚上，甚至是前一年的背景有关，也与父亲想要减轻孩子生病时的疼痛有关。毫无疑问，我们是在用话语交流，但最关键的心的交流是无声无形的。如果你抓住了这个关键点，也就掌握了本书最重要的内容——你不是在找寻好的故事，而是在培养亲密的关系。

戈登·诺伊费尔德博士将这种亲密关系称作依恋。在《每个孩子都需要被看见》（*Hold on to Your Kids*）一书中，诺伊费尔德博士强调，强大的依恋纽带是孩子健康成长的基础。许多科学研究阐明了讲故事是怎样培养孩子的同理心的，它能帮孩子拓宽对世界的感知能力，提高情感感知力，培养意志力……但几乎所有研究关注的重点都是孩子与故事本身的关系，也就是说，大多数科学家研究的都是“叙述”。这确实是有关联的，但诺伊费尔德博士的依恋理论填补了讲故事科学的空白。依恋理论解释了我们在讲故事的同时也在建立亲密关系这一要点。正如我们所了解的，讲故事的关键不在于情节好坏，它是在任意两人之间建立依恋关系的有效工具，尤其是父母和孩子，而健康的依恋关系会塑造出许多可贵的特质。

讲故事的关键不在于情节好坏，它是在任意两人之间建立依恋关系的有效工具，尤其是父母和孩子。

“拉莫娜最终在峡谷边发现了一只死臭鼬。它已经彻底腐烂了，发出阵阵臭气，拉莫娜独自享用了它。在拉莫娜饱餐的时候，山猫注意到了她，于是悄悄溜到她身后。山猫慢慢靠近，而拉莫娜正沉浸于腐肉和臭鼬的恶臭中，丝毫没有察觉。山猫本来就要抓到拉莫娜了，可惜另一只名叫彼得的秃鹫正在高空翱翔，他看到了山猫并且在最后一刻突然俯冲下来。这段时间足够使山猫分心并且让拉莫娜安全地飞到下面的峡谷里去了。”

“拉莫娜就此与彼得坠入爱河……”我们都听过这样的故事，剩下的我就不讲了，结局是他们下了一个蛋，接着又下了两个蛋。女儿睡着了，安睡了一整夜，我也是。第二天，我和她妈妈找女儿谈了谈我们没意识到的却可能一直困扰着女儿的事情。在我们设法让女儿说出那个压力来源后，她感到如释重负，不到一周皮疹就都下去了，再也不会因此睡不着了。

也许是药物起效了，也许是女儿的免疫系统起作用了。谁知道呢？皮疹对我来说依然很神秘，但毫无疑问，拉莫娜和彼得是那晚让女儿入睡的大功臣。同时，这个故事也加深了我们的联系。在我不知所措、十分无助的时候，故事为我提供了与女儿建立亲密关系的方式，且行之有效。

在接下来的几周时间里，我和女儿花了不少时间进一步丰富彼得和拉莫娜的故事，最后变成了他们的孩子帕尔和帕姆的故事。山猫无功而返，又掉进了河里，全身湿透。我们都笑了。慢慢地，这个主题我们不喜欢了，就不再讲它了。最棒的是几周后我们在骨峡谷散步，一阵疾风吹过，我们看到两只秃鹫从峡谷里飞了出来，越过我们的头顶。“拉莫娜！”女儿大喊。我笑了笑也喊道：“彼得！”

第七章

教育故事

在定期讲故事建立起亲密关系之后，我们能够逐渐增加故事不同层次的深度和意义。第六章讨论了故事如何安抚处于困境中的孩子，本章将讨论故事如何帮助我们集中孩子的注意力，以向他们传授宝贵的经验教训。最重要的是，故事能帮孩子记住这些教训。

叙事结构可以在我们的脑海中留下深刻的印记。一项项研究已经证明，与死记硬背相比，故事能使人记住材料的能力提高 6 ~ 22 倍。与之形成鲜明对比的是，心理学家赫尔曼·艾宾浩斯提出的著名的遗忘曲线研究表明：几乎 70% 的信息在一天内就会被遗忘。艾宾浩斯于 1885 年发表了这项研究结果，经由科学家们的不断引用，奠定了记忆科学的基础。这其中关键的一点是：记忆力不仅和信息提取的方式有关，和信息接收的方式同样有关。注意力在接收信息方面起到了关键的作用，它通知大脑该在何时何地打开信息接收通道。而我们都知道，注意力是有限的。

讲故事，有核心人物，有情感重心，有出人意料的情节发展，还有生动形象的语言描述，是吸引并保持注意力的最强工具之一。故事使我们的记忆库以多种途径储存了大量信息，使我们更容易战胜遗忘曲线。

无论大人还是孩子，自然而然都会关注好故事。如果你用好故事吸引他们的注意，他们通常就会记住这个故事。但讲故事之所以能成为如此强大的记忆工具，注意力并不是唯一起作用的因素。简单概括一下，还有其他三个因素：时间顺序、情景再现、关系定位。

按照时间顺序叙述，可以让我们快速厘清故事的细节，使前后发生的事情精准地串联起来。故事要有内在的组织结构。零零散散的事实回忆起来格外困难，就是因为它缺乏内在结构。肖恩·卡拉汉是《让故事发挥作用》（*Putting Stories to Work*）的作者，他曾谈及格雷瑟在加州大学的一项研究，该研究给每个学生分发了12篇阅读材料，有些是叙事性的，比如挪亚方舟的故事，有些是说明性的，比如百科全书的条目。实验证明，不仅叙事性文本的阅读速度是说明性文本的两倍，而且学生记住的叙事性文本中的信息也比说明性文本高两倍。

讲故事是吸引并保持注意力的最强工具之一。

故事通常是娱乐性的，所以我们自然而然就会在脑海里反复回想一个故事。如果我们策略性地在故事里添加重要的事实或道理，那么每一次重述故事的时候人们都会回忆起那些有意义的信息。这就是记忆的支柱，也叫作“神经可塑性”。诺曼·道伊奇博士在他的畅销书《重塑大脑，重塑人生》（*The Brain That Changes Itself*）中指出，共同激活的神经元是连在一起的。换句话说，神经元激活越频繁，它们之间的连接性就越强，我们再次想起某个信息的可能性就越大。对那些极少激活的神经元来说，情况恰恰相反。在很短的时间内，通常在你陷入睡眠的时候，大脑会直接清除它们，道伊奇博士将此称为“不用则弃”。

故事有助于吸引人的注意力，它可以在脑海中形成固有的时间顺序，并鼓励我们通过再现故事来巩固大脑中的神经联系。这真的非常高科技。除此之外，故事还能帮我们解决另一个问题：关系定位。

故事对于缓解讲述人与听众之间的紧张关系十分有效。当你向对方阐述一些有针对性的信息时，即使饱含善意、认为对方应该容易接受，也会产生一种“我”与

“你”或者“我们”与“他们”的对立倾向，比如我是老师你是学生，或者我是家长你是孩子。即使在最好的情况下，这种定位也会造成问题。

与之相反，故事并不针对任何人。用第三人称叙述、创作有意义的虚构情节，在故事语境下提供的信息会让孩子觉得是他自己发现的。

如果你曾因为某件小事和孩子或伴侣吵架，就会明白关系定位的重要性。当人们陷入定位问题的泥沼时，事实如何就会被抛诸脑后。但是现在我们有了一个特别好用的工具，当你察觉到马上要吵架时，试着讲个故事，在叙述里加入事实或观念。

这正是我们教育孩子的方式：讲故事。首先，用有趣的人物或情节吸引孩子的注意。如果你已经像养成习惯那一章中提到的那样养成了讲故事的习惯，就知道该如何快速进入故事。选取熟悉的事物带入故事，像故事环那一章所描述的那样，我们就可以将孩子的注意力迅速带入真实世界的场景。此时此刻，故事正在进行中，我们要将孩子的注意力转移到相关的主题上去，这个主题可以是字母表，也可以是我们想教给他们的某个观念。利用描述性的语言、变换的节奏以及突发的情节，让故事引人入胜，这样就能牢牢抓住孩子的注意力。

然后，我们只需在整个故事中的一两个关键节点插入令人印象深刻的词语、事实或道理，比如“故事的寓意是……”，但这往往夹杂在情节中，比如写在墙上的信息——“生长细胞打了个大大的呵欠，然后伸了个懒腰来描述细胞有丝分裂的过程……”故事结束时，故事环也随之闭合，我们将带着新的视角回到现实世界，帮助孩子理解和记忆有困难的内容。

这听起来很复杂，但其实非常简单，因为人们这样做的历史可以追溯到约 6 万年前。举个例子：一群孩子因为抢棍子或娃娃而争吵不休，这时我们就能以一群有相似问题的动物为喻讲个故事。故事中角色的不同行为，举止礼貌或无理取闹，可以让每个孩子都看到这些行为会对他人和集体产生什么样的影响。对孩子来说，这通常比批评或命令更有效，因为它能让孩子理解对方，促进彼此合作，而批评或命令往往会造成孤立和分裂，进而导致防御性行为的发生。

讲故事还可以让我们模拟那些在现实生活中过于危

险或无法实践的活动和情感。这些故事本身就是一种提示，我们在许多童话故事和恐怖故事中都看到过这类情节，现代电影、莎士比亚和古希腊悲剧中也有它的身影。通过探索那些原本会让我们不知所措的情节，我们会对最终可能遇到的困境产生自己的见解。

故事对学业课程也有很大的帮助。当约瑟夫在教一年级的学生阅读时，他想找到一种能够区分元音和辅音的记忆方法。最后他讲了个故事，名字叫作“艾伊和皮迪是一对朋友”。他们奇特的名字立刻就吸引了孩子们的注意。皮迪是个歌手，还会表演口技，他用精心设计的“砰—踢—砰—砰—踢”的节奏演唱给他的朋友们听。这简直太精彩了。这些好玩的声音令孩子们着迷。但是随着艾伊和皮迪长大成人，有一天，他们去高山上冒险，遇到了一条龙。他们差点丢了性命，但在最后关头，艾伊把皮迪拉到了安全的地方，不过在这之前，龙喷的火已经把皮迪烧伤了，且伤势很严重，皮迪差点死了。经过漫长的康复期，他痊愈了，令人遗憾的是，他再也不能表演口技了，因为他的嘴唇留下了永久性的伤疤。皮迪非常沮丧。这时艾伊已经搬走，到别的大洲居住了。

渐渐地，皮迪开始再次学习唱歌，这次是用他的喉咙。他录制了一首轰动全球的歌。艾伊是在电台里第一次听到了这首歌。歌词是这样的："艾伊，爱哦呦……"[①]。

这样的故事让孩子们开怀大笑，尖叫连连，放声高唱。他们毫不费力地就记住了元音字母"A、E、I、O、U"，尽管故事和他们并没有什么关系。有趣的是，我们所写的关于讲故事的许多方法也同样适用于歌谣和旋律，将二者结合起来可以在孩子的头脑中打造出高度发达的记忆库，他们不仅可以从中提取回忆，而且可以在此基础上慢慢增补新的概念。在艾伊的例子中，只需要一句旋律，孩子们的注意力立刻就转移到识字和阅读理解上了。孩子们回忆起故事，就回忆起了在课堂上学到的真实课程，最重要的是，他们还能回忆起我们谈论这个话题时的兴奋之情，而不是听到老师说"好了，孩子们，拿出你们的作业本"时的泄气和叹息。

讲故事也是我们传承文化和信仰的主要方式之一。

---

① 英语元音字母"A、E、I、O、U"的发音与"Ayee, I owe you"相同。该句意思是："艾伊，我欠你的情。"——译者注

大部分宗教经文讲的都是故事。故事是每个节日必不可少的部分，内含要传递给后代的全部信息。作为家长，我们可以一字不改地重复那些经典故事，也可以从既定的故事情节中挖掘出对孩子当下有帮助的信息和观念。

在孩子遭遇失去（比如换牙）和困难（比如朋友搬走）时，给孩子讲个故事会有很大帮助。作为家长，我们很多人已经默认，遇到这种情况时要看适合的书籍或视频。这很好。而我们也能从各种各样的故事中受益。如果我们已经了解了讲故事的奇效，也花费了时间来培养和建立与孩子的亲密关系，我们就会发现，**讲故事对于帮助孩子理解人生中的一些重要事件的意义尤为重要**。这可能骇人听闻，但如果我们在孩子两岁的时候就开始讲《小熊故事会》，那么在她14岁时讲个关于女孩长大成人的故事就不会令其感觉突兀。

练习 12 嵌入信息

如果你希望孩子记住某个简单的信息或经验，比如，收拾好玩具、不打架，或者当地常见鸟儿的名字，不管是什么，要确保其核心内容可以包含在简单的信息或短语中。接下来，讲个包含这条信息的故事。这条信息可以出现在洞崖上，也可以由神秘智慧的猫头鹰说出来。记住，它可以是情节的中心，也可以只是其中一个细节。

练习 13 嵌入语境

在故事的语境或框架中传递观念或经验是非常有效的教学方法。比如，直接讲个关于宗教包容的故事，内容是信仰犹太教的男孩和信仰基督教的朋友一起庆祝光明节。这样的故事很精彩，但是偶尔也很沉重。因为有时即便书里的人物能够彼此理解，达成和解，但现实是整个文化中缺乏这种理解；还可以讲个“宽容之村”的故事，那里的蜡烛制造商忙着为圣诞节制作红色和绿色的蜡烛、为光明节制作蓝色和白色的蜡烛，然后发生了一系列混乱或有趣的事件。这会给孩子传递同样的信息——我们赞美多样性，且不会使冲突成为焦点。最后，每个人都得到了彩虹色的蜡烛。

木登奇士[1]

作者：约瑟夫·萨洛西

事情是这样的。有一天，一年级的学生在学习常见单词的拼写。他们很沮丧，我也很沮丧，每个人都想叫停。但我知道，如果在这样一个紧张的氛围中，我和孩子们都带着抵制情绪结束学习，就很难重新回到学习中。压力和挫折就像教室里的小妖怪，吞噬了我们所有人的注意力。所以，我坐下来，满怀慈爱地讲了下面这个故事。

★

"陛下！陛下！"侍从喊着跑进王宫，手里挥

① 原文是把"Orange Knight"读成了"Urangee Kanighit"，属于拼读错误。为达到相同的效果，将汉语中的"橙骑士"误读成"木登奇士"。——译者注

舞着一张羊皮纸。“我发现城堡大门上钉着一张羊皮纸条。”

“上面写了什么？”

“我不知道，陛下。我不识字。”侍从把纸条推到国王面前，但国王推开了纸条。国王是个善良正直的人，但是他也不识字（这个故事发生在很久以前，那时候识字还不像今天这么普遍）。“把纸条给王子！”国王说道。王子一直师从一位远方的巫师。

王子还小，才刚开始认字，他把羊皮纸拿在手里。房间里静悄悄的，他看着那些字，“嗯……嗯……”王子吞吞吐吐，手里的纸都被捏皱了。“到底写了什么？”国王怒吼道。

“我觉得，我觉得……”王子开始念那些字母。所有人都凑近来看。“我觉得它说的是，我……会……我会……到……哪儿，不，那儿……”

“我会到那儿？我会到哪儿？”国王大喊。“谁？是谁？！”国王有些激动。

“等一下，”王子说道，“两……两天后……

见！两天后我会到那儿！”

“他会在两天后到这里？谁？天哪！”

“羊皮纸上留下名字了吗？”

“稍等，”王子说，“在这里。底下有签名。”国王的骑士和大臣又凑近了一些。“签的是木……登……奇……土……木登奇土！”

“木登奇土？”一个骑士带着恐惧的表情说道，“老天保佑，那是什么？”

王宫里的人面面相觑。木登奇土？一定是某种怪物，某种到处摧毁城堡、吃掉孩子的巨人长毛怪。每个人都露出了绝望的表情。他们的脸色变得苍白，其中最勇敢的骑士也试图从后面蹑手蹑脚地溜走。这时，国王用手背掌掴了他右手边的装甲卫兵，并一拳砸在桌子上。“我们不是懦夫！”他说，“骑士们，拿好你们的武器！我希望所有可调动的骑士都能尽快赶往黑森林。我们必须找到木登奇土！”国王的语气中带着威胁。

房间里一片沉默。突然间，所有人都开始争抢武器，抢最后一口食物，抢着和国王说句话，最后又都抢着冲出了门口。年轻的王子走到父亲身边说道：“父亲，我也该走了。我一定会找到木登奇土的！”

“不，儿子，”国王说道，“你必须待在城堡里保证自己的安全。谁知道这个该死的木登奇土是什么样子的怪物呢？！也许它长着3个脑袋，15条腿，拿着6把剑。他可能是个我们都认识的人的鬼魂，”国王停顿了一下，然后摇摇头，“不，我们不能冒险。你跟我一起留在这里。”

国王的话就是最后的决定。王子垂头丧气地走出王宫，仆人和光着上半身的骑士在走廊里穿行，发出丁零当啷的声音。

接下来整整一天和第二天的早上，骑士们都在搜寻木登奇土可能留下的蛛丝马迹。一个人说，“它一定有10英尺[①]高”。另一个人说，“它的胳膊一定像大炮一样粗”。事实上，每个人都害怕得不行，但依然没人发现木登奇土的任何踪迹。

① 1英尺约为30厘米。——译者注

第二天下午稍晚，年轻的王子心怀勇气，相信自己会有好运，他穿上三等骑士的盔甲，前往马厩。“喂，你是谁？”马厩的主人问道，“我以为你们全都已经出去了。好吧，现在你得将就骑跛脚马了。只能这样了，就剩它了，再没别的马了。”“可以。”王子用他能发出的最沙哑的嗓音说道。马厩主人停顿了一下，摇了摇头，朝着马厩走去。当跛脚马被牵出来时，每三步踉跄一下，但还是走到了王子面前。“你最好快点，”马厩主人说道，“国王不会给迟到的人好脸色。”

到森林用的时间比王子预想的要长。到了傍晚，王子已经进入了黑森林深处。树枝上挂满的苔藓和地衣，像是老巫婆的头发。地上似乎散发出奇怪的味道，马蹄声听上去让人觉得地下是空的。很快，王子就吓坏了。他犯了个错误。他不仅不可能找到木登奇土，即便找到了，又能做什么呢？那个怪物可能一下就能让他毙命。于是王子停了下来。他开始掉头，这时马突然僵住了。王子看到在离他不到100米的地方出现了一闪一闪的神秘橙光。

“吁。”王子轻声喊道。但是马儿无动于衷，还在继续向前，金属马镫和鞍圈像老旧的圣诞树一样发出叮当的声音。王子吓坏了，一直盯着那道光。“那一定是木登奇土，”他想，“某种长着蛇头、爪子又厚又黑的猛兽。”那道光越来越近。王子在背后对马低语，命令它往回走，但马的腿开始抖动，王子也开始发抖，他们俩弄出了一阵可怕的叮叮当当的声音。整个森林闪烁着令人恐惧不安的光，王子鼓足勇气孤注一掷，他取下了自己的面罩，用最凶狠的语气喊道：“站住！谁在那里？！”但这话听起来并不是很凶狠。

“从树后走出来的是……橙骑士？国王的老朋友？不可能吧！”王子心想。

“啊，年轻的王子！”睿智的老骑士说道。“什……么？”王子困惑得说不出话来。“你不是……那个什么……你是……吗？”随后，王子恢复了镇定，问道，“木登奇土在哪儿？”

“木登奇土？”和蔼的骑士大笑道，“那是什么？”

“木登奇土，”王子回答道，“应该是某种怪物。它给我父亲传了一张纸条，上面写着它今天要来摧毁城堡并且吃掉所有的孩子。”

“吃孩子？”橙骑士哑然失笑道，“听起来很可怕。”然后他又问：“是写在羊皮纸上的吗？”

“是的。”

“写的是我两天后到那儿？”

“没错！”

“谁读的纸条？”橙骑士问道。

“是我读的，”王子答道，“父亲不识字。”

橙骑士仰天大笑。“哦，孩子，我们会一起度过一段愉快的时光的。”他捏了捏王子的肩膀，然后牵过跛脚马的缰绳，两人一起朝着城堡走去。

我在给学生讲故事的最后几句时，他们笑得在地上打滚，靠着墙直不起身来，场面一度失控。当我们终于回过神后，我注意到了黑板上的一些细节。木登奇土、橙骑士，真是个好笑的误会。虽然有些词打破了规则，根本没有意义，但我们还是要想方设法地学习它们，我们可以把这些词称为“视觉词”。当我们在学校里碰到这种情况时，应该以令人捧腹的方式，帮助孩子们掌握知识。故事能让学校和功课都变得轻松，可谓无价之宝。

第八章

家庭故事

掌握了讲故事的核心是建立亲密关系之后，我们可以将这个神奇的手法应用到几乎任何地方，而不仅仅用来照顾孩子。本章我们将邀请你尝试把讲故事用于家庭聚会、邻里活动及其他任何聚会活动上。

讲故事是建立代际关系的绝佳活动。我们可以在亲子之间，也可以在几世同堂时或小区邻里间的大聚会上分享故事。这样的故事会成为亲密关系的黏合剂，年幼的孩子和长辈都能从中获益。由于故事聚会中的人年纪不同，我们有机会看到生活的方方面面以及多种多样的性格。和一对一讲故事一样，故事聚会首要的关注点也是建立亲密关系。专心致志地听每个人讲故事，我们会得到更深刻的东西。我们与人类先祖之间连接着根深蒂固的纽带，无论电影或电视节目有多精彩，都无法复制这种相互沟通的模式。

创造这样的故事需要一些勇气。大部分成人认为自己不会讲故事。为什么？因为我们一直专注于讲述。讲述会让我们变得害羞和不知所措。这就是为什么让孩子参与其中会大有不同，因为成人在孩子面前和在其他成人面前截然不同，他们甚至可以在孩子面前跳一段幼儿体操。摆脱拘谨和束缚后，他们通常会玩得很开心。

找个大家都感到自在的地方，可以是安静的室内，也可以是最喜欢的树下。要把好位子留给长辈，而且要让大家都能看到彼此。一开始就要明确，有人说话时，其他人都要认真聆听。外界的声音会扰乱讲故事的人，所以我们要创造一个温馨舒适的环境。你可以先讲个简短的故事，然后请你左边或右边的人讲，再依次往下轮。前两个故事通常是最难讲的，所以选人要慎重，但是到第三个故事时，人们通常会开始看重这个机会了。这样讲述的每个故事都是独一无二的。

另一种方法是让大家一起讲一个故事。一个人起个头，然后交给下一个人。这个人往下讲一点，再继续交给下一个人，以此类推。观察不同讲述者口中的人物经历，可以看到各个年龄层的状态和各种不同的性格。有人会把故事带偏，也有人会把故事拉回来，有时一个人讲一两句话就够了。通常最有意思的是有人出丑的时候。

这样的定期聚会，即使是一年一次的小聚，也会对集体的亲密关系产生重大影响。据说，一起祈祷的家庭会长久地在一起。或许我们也可以说，一起讲故事的家庭会一起慢慢终老。比起游戏之夜或电影之夜，试试故事之夜，看看情况如何?

一些成年人，尤其是较冷漠的那些，会犹豫要不要加入这样一个多元化的故事聚会，因为这让他们感到极度不安。在一个怀疑和冷漠遍行的世界里，我们很难将一些成年人身上的玩兴激发出来。

有时我们唯一能做的就是借助孩子的力量。事实上，本书中列举的所有讲故事的技巧对成年人和孩子都适用，但大多数成年人不会这么做，除非孩子要求他们加入其中。这就是孩子“教”大人的一种方式。有时故事也是唯一能够了解坏脾气孩子内心世界的方式。

讲个故事，要全情投入，
要真实，要充满爱意，看
看会发生什么。

那些愿意多尝试讲故事的人会发现，即便没有孩子参与，自己也能与他人建立同样亲密的关系。毕竟，讲故事早就是成年人每次相聚时的常见环节了，只是不叫讲故事，而是“噢，我的天啊，让我告诉你刚刚发生了什么”。故事交流与酒馆、商场和办公室里的咖啡壶一样古老。为什么？因为讲故事可以创造亲密感。

西尔克有个上了年纪的朋友玛丽，她已经是癌症晚期了。在生命的最后几个月里，她虽然非常清醒，但只能走出家门几步远，不久之后就只能卧床了。西尔克去看望玛丽，两个老朋友十分享受她们共同的爱好，但玛丽病情严重，让常见的打趣都变得十分费力。玛丽常说：“给我讲个故事吧。”

在第七章中我们提到，家长和教育工作者既要传授重要经验，又要避免针锋相对带来的冲突或不适，因此，讲故事尤其有用。其实故事的这一特质在很多情况下都能发挥作用，比如西尔克去探访玛丽时。讲故事消除了不必要的讲述或重复带来的尴尬，让人可以简单地沉浸在故事营造的亲密氛围中，而且不需要提前做什么准备。

故事的这个特质很微妙，又灵活多变，几乎可以用在任何地方。当你下次想说一些自觉有点直白的话时，可以试试讲故事。没人喜欢被当面指出错误，即使他们心知肚明。自我防御是人的天性，即使双方对犯错的看法一致，大部分人还是会特别在意对方指出自己错误时的态度和方式，如果态度不好或方式不对，我们还是会忍不住生气，这是因为关系定位在起作用。但如果你用简短的故事来告诉对方（通常30秒就够了），这个人就更容易发现自己的问题，还减轻了萦绕在双方间的尴尬。掌握这一技巧的领导会让人感到特别暖心，能在批评员工的同时还让大家理解他的良苦用心。

将这个讲故事的技巧用在丈夫、妻子或密友身上，更是再合适不过了。如上所述，你可以用它来温和地传达重要的信息，也可以用它来建立联系、拉近关系，它能起到的作用与将它用在孩子身上是一样的。如果你与伴侣的关系变得像与其他大多数人一样，你可能会感到百无聊赖。当你们忙完一天，躺在床上聊工作或家事时，也许会发现很难找到共同话题，那就赶快停止，讲个故事吧！要全情投入，要真实，要充满爱意，看看会有什么效果。

如果伴侣能配合，效果就最好了。这就像一个小型的、亲密的故事聚会，你们都要花点时间参与其中。轮到你的时候，要全身心地投入。用好故事环——从一天中选取一些你和伴侣都熟悉的事物，再加入一些天马行空或引人入胜的细节，然后把故事带回现实，结束故事环。注意故事结束后你们之间是否有什么变化。当轮到伴侣讲时，你要全神贯注地听，就像对孩子时一样。每周一次这样的活动可以带来巨大的变化，因为同时减轻了双方的压力。这样建立的亲密关系会曼延至你们其余每一天的时光中。

你也可以给故事起个头，让伴侣接着讲完。试一试，看看哪样更有效。如果你认为伴侣会对你的建议一笑置之，那么你可以试着在没有任何准备的情况下直接进入故事世界。讲个故事通常比解释故事为什么有力量更有效果。下次当你感觉你们沟通起来很费劲时，你可以大胆地尝试讲个故事，以“从前……”为开头讲起。

对讲故事新手来说，有些建议听起来很荒谬。至少，听起来就难以实现。但如果从简单的故事开始讲起，就像通常给孩子讲的那些故事一样，那么一般的成年人在运用最后几章提到的技巧时就会比较顺利。向受伤的孩子伸出援手，讲一个安抚的故事，缓解他们的痛苦，几乎成了人类的第二天性；给孩子讲个好玩又有趣的故事，告诉孩子有关成长方面的重要信息，也是惊人地简单；讲个温柔有爱的小故事，夫妻也许能在彼此发火前就停止争吵。幸运的话，我们会明白，讲故事是人类在进化过程中已经形成的能力，是我们与各个年龄段的朋友、家人和邻居建立亲密关系的有效工具。

练习 14 举行故事聚会

下次举行家庭大聚会、邻里聚餐，或其他任何形式的社交聚会时，可以邀请所有人都加入讲故事环节。如果有些人不愿意，就随他们去吧，但要尽量让孩子们加入。因为有孩子在，可以打破成年人的拘谨。开始时要讲清基本规则：有人说话时，其他人都要认真听。最好安排两个会讲的人先开始，可以一个接一个地讲，也可以大家接力讲同一个故事。前两个人通常最不好讲，所以要慎重选人，但到了第三个、第四个，人们就会敢于争夺这个机会了。这是一个分享内心的机会。

练习 15 给关系不好的人讲故事

这个练习是为大胆的人设计的。大多数人不会接受这个挑战，但讲故事可能会对紧张的人际关系产生有益的影响。找个生活中和你关系紧张的人，可能是同事、孩子同学的家长，或者随便其他什么人。不要太当回事，但遇到机会了，就给这个人讲个小故事，一个鼓舞人心的小故事。故事要和你们之间的冲突无关。比如，讲个关于蓝鸲的故事，或者别的什么，要简单易懂，这样就不用担心讲不好了。不一定要讲凭空想象的离奇故事，只讲发生在你身上且与当下相关的事情也可以。讲个一两分钟就够了。之后感受一下：紧张的气氛有所缓和吗？你们之间的关系有什么变化吗？

圣诞节的故事

作者：西尔克·罗斯·韦斯特　约瑟夫·萨洛西

今天是平安夜。此时此刻，日落西山，车辆稀少。房屋内，炉火燃烧；人行道旁，烛光闪烁。天色渐暗，群山隐没，天气寒冷，但温热的苹果酒温暖了嘴唇和双手。西尔克点燃了门口圣诞树上的红蜡烛——这是一项有趣而危险的任务——然后邀请大家加入故事聚会。

每个人表情不一。有人面露喜色，有人耸肩满不在乎，大多数人礼貌地笑了笑，表示心里紧张。一个孩子笑容满面，另一个躲在家长的腿后。实际上，大家互相几乎都不认识，只是通过各种方式认识了西尔克。在场的有年轻人，他们敲着鼓，说话轻声细语，想过一个热闹欢快的节日；也有家长，他们想好好庆祝平安夜，不带一丝商业性；还有老人，以及从小镇外赶来的一家人，这家人的儿子 20 多年前在西尔克的幼儿园上过学。

“是这样的，”西尔克用在幼儿园上班时的声音说道，脸上还带着狡黠的微笑，“由一个人给故事起个头，然后传给下一个人。每个人想讲多少就讲多少。我们这样绕圈讲，到时候就会知道故事什么时候算讲完。”

“我们只想听你讲故事。”一个大人说道。一些人跟着笑起来。

“我来起个头。”一位年轻女士说道。她习惯了这种事情。所有人都注视着她，她开始讲了：“从前有个圣诞仙子，她要帮忙给大家送礼物，却在送礼物的路上迷路了。”

我们等了一秒钟，但显然她已经讲完了。她和蔼地看着旁边的男士，一个穿着平底鞋和夹克衫的中年男人——这样的穿着在这种室外活动中显然单薄了些。他将双手紧紧地插在兜里，左右看了看说：“路上有个洞，仙子掉了进去。”人群中传出一阵笑声。

下一个要讲故事的人是这个男人的妻子，她表情生动地接着往下讲，“仙子在洞里寻找出口。里面很黑，所以她沿着洞壁摸索。”

有人问道，“仙子不会飞吗？”这时，几个人窃笑起来，看向发问的人。那个人用鞋蹭了蹭地面。大多数人还是看着讲故事的女人以示支持。总的来说，这群人还算友好。

“突然，仙子找到了一扇门。嗯，是的，开始她并不知道这是一扇门，但她摸到了木头。仙子在上面敲了敲，从声音判断出里边是空的，所以俯身打开了那扇门。”

短暂的停顿过后，讲话人旁边那个端庄的男人接着讲了下去。他也是一位幼儿园老师，在参加这个故事聚会之前可能已经有数千个小时讲故事的经验了，他的声音和表达无不体现出这一点。他讲的每句话都让故事焕发光彩，就像一个人进屋之后，把房间的灯依次都打开一样。他全程没有抬眼，但等他讲完以后，我们获得了一些可以发挥的素材。

“仙子打开门，走进了一个大房间。房间的一面有一堆用彩纸包装好的礼物，另一面是通向屋外的白色楼梯。仙子回头看她来时的路，却发现那扇门不见了。墙上挂着一把小钥匙，仙子伸手去拿，可每次一要靠近，钥匙就移开了，她怎么也抓不到。仙子有些沮丧，一屁股坐在了地上。这时，她发现旁边有张小桌子，上面放着一张手写的纸条。”

现在大家都很好奇。那个一直用脚蹭地的人也专注地盯着讲故事的人。所有人都期待他继续讲下去，但是他侧过身，温柔地看着右边的孩子。孩子和他对视后，低下了头，眉头紧皱，一副又紧张又开心的样子。她扭头看了看男人，然后看向地面，最后看向围成一圈的人们。他们想听她来接着讲。“仙子看了纸条，上面写着‘上楼吧’。”

“嗯，很好。”一位年老的女士说道，表示对女孩的小小支持。

“讲得不错。”另一个人说。

小女孩看向她旁边的一位女士。那位女士大概20岁，以前每次提到圣诞，她都会将它说成“冬至”。女士睁大眼睛盯着小女孩，然后又转过头看向人群。“仙子拿着纸条，朝楼梯走去。她刚踏上第一级台阶，台阶就变成了红色。仙子惊讶地停了停，然后又上了一级，第二级台阶变成了橙色。她继续往上走，台阶依次变成了黄色、绿色、青色、蓝色和紫色。仙子不停地往上走，每一级台阶都变成了彩虹的一种颜色。她还看到，楼梯两边长满了魔力之花。这让仙子法力倍增，惊奇不断。她走啊，走啊，走到了最上面的一级台阶。俯瞰整个楼梯，她看到了一道道五颜六色、形状各异的绚丽彩虹。”

女士把故事传给了她右边的人，一个有点小肚子的高个子男人。他站在那里，双唇紧闭。“蜡烛要灭了！”有人喊道。我们都转过身，看到树上的 20 多支蜡烛果真只剩下 3 支还燃着了。西尔克和另一位女士重新点燃了几支，但很快又被风吹灭了，于是她们放弃了再点蜡烛，回到圈里来。处理这个插曲的时候，这个高个子的男人更加不自在了。突然，所有人的目光又都回到了他的身上。

“好吧，”他张着嘴，一副在思考的样子，“当仙子爬到楼梯顶端的时候，她发现自己正站在彩虹顶上。头顶的天空很黑，月亮和星星都近在咫尺。她尽力伸长身子，从天上摘下了一颗星星。”令人惊喜的是，一圈人似乎都微笑着表示认可。

接下来轮到一个顽皮的男人（他刚好在写这本书），他对这个故事的矫饰煽情不太适应。“当仙子低头看向彩虹时，一切又都变成了黑白的。仙子突然很伤心，连她自己也不知道为什么，可能和这颗星星有关，但她不确定。仙子试着把星星挂回原处，但是一挂上去就会掉下来。她缓步走下楼梯，想知道所有的颜色都去哪儿了。当仙子走到最下面一级台阶的时候，内心非常沉重。她很难想象自己要怎么去送礼物，况且她还被困在地下的洞里，得想办法出去。”

下一位女士说道，“仙子拿着星星去到了挂钥匙的地方。当她走过房间时，礼物也变成了黑白的，房间里的一切都变暗了。她想做点什么。于是，仙子伸手去拿钥匙，但钥匙却从墙上跳了下来，像磁铁一样吸在了星星上。”

现在轮到西尔克了。“那个小女孩，哦，不，我是说那个小仙子，手里拿着星星钥匙，把它放在了原来有门的地方。突然，她看见那扇门了。钥匙插进锁里，稍稍一转，门咔嚓一声就开了。”

西尔克扭头看向旁边那位年长的女士。人人都看得出来她很紧张。“我不……我还没……”她一边说，一边用恳切的目光看着西尔克。

“我来！”她旁边的年轻小伙子说道。“门一开，那些礼物就焕发出五颜六色的光彩。”年长的女士看着这个年轻的小伙子，十分感激他的帮忙，然后她说道，“没错，然后仙子把礼物全都装进了小袋子。”

“是天鹅绒袋子。”小伙子说道。

“是红色的天鹅绒袋子。”年长的女士一脸愉悦地说。

“仙子扛起红色的天鹅绒袋子出门了。虽然袋子很沉，但是她的心情越来越轻松愉快。当她回头看时，彩虹楼梯变得更加夺目了。”

年轻小伙子和那位年长的女士都笑了，然后一起看向他们右边的孩子。

孩子说道，“仙子爬出洞，把礼物都分给大家了。”

孩子的妈妈说：“仙子回到家，把手伸进口袋，掏出了那颗星星。这是她的专属圣诞礼物。”

我们都笑了。故事到这里迎来了自然的结局，我们也刚好轮完一圈，回到了开头的地方。这个故事有点老套，但没关系，它让我们的心连在一起。之前我们彼此都是陌生人，但故事转一圈之后，大家的心里似乎都多了些什么。我们很快就分头去忙各自的事情了，有的去烤火，有的去喝苹果酒，有的走在半明半暗的小路上。圣诞树上只剩下一支蜡烛，在枝头上散发着柔和的光芒。

故事聚会的目的并不是创造故事，而是建立亲密关系。

第九章

完结

当你刚拿起这本书时，可能会认为讲故事就是单纯地给孩子讲有趣的故事。但其实，讲故事涉及的内容比你原想的更丰富，讲故事是从童年到暮年分享信息和培养亲密关系的有效途径。

从智人开始，人类就一直对故事着迷。正如布雷恩·博伊德、乔纳森·戈特沙尔和其他很多学者所说，我们已经逐渐发展出了讲故事和听故事的能力。讲故事并不是无关紧要的东西，它是非常有用的工具，可以用来获得社会关注、重述艰难经历以及传播重要信息。除了直接体验之外，我们的大脑最倾向于通过故事接收信息。故事是我们传承家风、信仰和文化观念的主要方式，也是我们为生命赋予意义的方式。

从晨起到睡前，我们其实一直都在听故事或讲故事，只是我们一般不那样定义自己所说的和所听到的大部分内容而已。晚上休息时，大脑还会在睡梦中继续给我们讲故事。生活中充满了故事，只是我们经常意识不到，就像有句谚语说的："樵夫只见树木，不见森林。"

对一般孩子来说，现在大量的动画片、电影和书籍使他们生活中的故事比以往任何时候都要多。有些故事很好，也有些很糟糕。但毫无疑问，确实有许多故事非常吸引人，这导致了许多家长（大多数家长自己也是在这种媒体爆炸的环境下长大的）理所当然地害怕讲故事。我们可能认识一些讲得一手好故事的老师或朋友，再加上迪士尼这样讲故事行业的巨头，我们很容易失去自信。大多数人讲的故事都不能与《冰雪奇缘》匹敌，那又为什么要尝试呢?

也许《冰雪奇缘》的确比我们讲的普通的小熊故事复杂得多，但如果我们能够意识到讲故事是为了在讲的人和听的人之间建立亲密关系，那么再看这个问题时，就会有一个全新的视角。在故事的亲密陪伴下长大的孩子，很容易区分家长讲的故事和在其他地方看到的、听到的故事。而且多数时候，他会更喜欢家长讲的故事。任何情况下都没有比较这两者的必要，因为家长和孩子都能意识和感觉到它们之间的差异。

本书的目的是激励你继承讲故事的传统，因为它是属于每个人的。这样做有很多好处：孩子会喜欢那些只有在亲密家庭中才会出现的引人入胜的故事，而且同样重要的是，你将从充满创意的表达中重获快乐。这不仅是你的孩子在关注谁或关注什么的问题，它还给我们自己表达日常生活中的亲密无间、幸福快乐和严肃认真创造了机会。讲故事不是单向付出，而是双向回馈。

讲故事的第一步是要做真实的自己。真诚很重要。如果你和孩子的关系是基于你假装成为某个人，那注定是无法长久的。不要把大厦建在松松垮垮的地基上，否则建起来的很可能是空中楼阁。

下一步是从简单的故事开始。如果孩子还小，就更容易做到。从孩子出生的第一天开始讲故事是有科学依据的，不要等到孩子三岁以后才开始。从孩子小的时候开始讲故事更容易，也更有助于你养成习惯。讲故事的过程中最重要的一点就是要开口。讲故事需要练习。你会有心情不好的时候，也会有讲不出好故事的时候，我们都一样。但如果讲故事已经成为一种习惯，它所带来的亲密感会战胜一切，让你无畏任何失误。

如果使用故事环，你的故事将不仅充满想象，还会和孩子的现实世界联系起来。它创造了游戏和记忆的机会，并且随着时间的推移，能创造出异常丰富的场景，娃娃、玩具、地点、物品和活动都能让孩子想起你们在一起度过的时光。

使用描述性语言和第五章《基础工具》中介绍的讲故事技巧，可以让故事更丰富、更深刻。如果你经常练习，孩子会给你提示，慢慢地你就能不费吹灰之力地讲出一个故事来。

这会给你和孩子创造出多种多样的经历，让你们拥有定期分享人生意义的时刻以及值得珍藏一生的记忆。一旦你掌握了讲故事的技能，就可以在生活中赋予讲故事更多层次的意义，比如安抚情绪、教育指导、把讲故事的亲密感带入所有人际关系……生命起承转合，简单的故事充满力量，人们对它的兴趣无穷无尽。

我们已经逐渐发展出了讲

故事和听故事的能力。

练习 16 聆听自己的故事

每个人的内心都有一个关于自己是谁的故事。我们或许聪明美丽、强大健康，或许愚蠢邪恶、怀才不遇……我们拥有各种各样的特质和截然不同的经历，我们在讲述自己的故事时，偶尔还会出现自相矛盾的情况。你生活中都有什么样的故事？你会对自己说些什么？故事是真实的吗？它是怎么发生的？什么时候发生的？还能改变吗？你能做些什么来帮助孩子在他的生活中创造积极有趣的故事呢？

练习 17 聆听孩子的故事

邀请孩子给你讲个故事。仔细听故事的主题，留意其中人物的形象，认真感受故事，不要急于下结论。你需要耐心观察。如果这个练习方式很有成效，可以考虑把它加入故事时间，成为其中的一个环节。尽量把注意力放在孩子反复提及的人物或主题上。孩子喜欢什么？不喜欢什么？出现的角色是什么样的？这会让你深入了解孩子的内心想法，讲述出真正能够抵达孩子内心的故事。

蝴蝶

作者：约瑟夫·萨洛西

那是差不多放假前的最后一天。河水大涨，大地翠绿。我和西尔克还有孩子们一直在森林里用木棍和树枝盖房子。成百上千只蝴蝶在我们周围飞舞，在野生红加仑灌木丛中的白花上吸食花蜜。到了午饭时间，我们在树荫下坐好，西尔克开始和我眼神交流，“你来讲故事？还是我来？”

我微笑着摇了摇头。有蝴蝶就够了。孩子们吃完午饭，装好背包，找了个舒服的地方，摆出了听故事的架势。一切都是那么自然、熟悉。

孩子们坐定后，我说：“好吧，我要给你们讲个故事。是关于昆虫幼虫的。”我做了个鬼脸，表示抱歉，然后耸了耸肩。“你们知道昆虫幼虫是什么吗？大体来说，它就是一条蠕虫。身子歪歪扭扭地向内拱起。这只幼虫叫格蒂。

“格蒂非常贪吃。她喜欢吃草和树叶，但她出生在秋天。格蒂使劲儿吃，但很快就没有什么可吃的了。她有点儿伤心，不知道还能做什么。她爬进树洞里，微微蜷缩起来，看着窗外的大地从碧绿变成棕色，然后慢慢干枯。她变得非常困倦。等到格蒂再次醒来时，她发现一切都是白茫茫的，天气很冷。”

一个孩子说：“冬天到了，下雪了。”

“嗯嗯，没错。冬天到了，呼！白雪覆盖着大地，大地像发了霉一样。天很冷，格蒂不知道做什么，就只能睡觉了。呼噜呼噜……”

我闭上眼睛，发出像三个臭皮匠那样的鼾声。一些孩子笑了，有的孩子开始模仿我。我笑了，西尔克也笑了。

“然后有一天，格蒂醒了。”我左看看，右看看，装出一本正经的样子，“她用鼻子闻了闻，似乎什么东西变了。格蒂向洞外张望，看到了明亮的太阳。不知道为什么，格蒂决定从那个小窗户，就是树上的那个小洞爬出去。哦！绿色，到处都是绿色。灌木丛长出了绿色的嫩芽，去年枯败的草梗也开始发青了。而且她发现周围很吵！格蒂看了看，看到了湍急的河水，高处的积雪正在融化流下。还有大树。天哪！这么多树！格蒂只看了一眼，就开始像大拉布拉多犬一样流起了口水。她爬下树，发现一根树枝。‘嗯！味道真不错。’她说。

“格蒂坐在树枝上，大口咀嚼着，突然，她看到灌木丛另一边的一根树枝在上下摆动。”我把头侧向一边，似乎在看向那根树枝。周围一片寂静。我又把头转向另一边，想看得更清楚些。“格蒂看了看，但什么也没看见，所以她又继续吃起来。格蒂坐在那儿吃东西，而树枝还在上下摆动，所以她又看了看。”我再次朝着想象中的树枝望去，依旧什么都没看见。

“格蒂决定走过去看看出了什么事。她扭动着身体前进。你们知道的，幼虫都这样，用肚子蠕动，而不是用脚走路。最后，她成功到达了那根仍在上下摆动的树枝上。”每次说到“上下摆动”这个词，我就轻轻弹跳一下，有些孩子会跟着重复这个动作。

“其实是格雷格在那里。格雷格也是一只幼虫，和格蒂一样。格蒂问道：‘你在干什么？’

“‘我？’格雷格反问道，嘴里满是树叶和它滴落的汁液。

“‘是呀。’格蒂说道。

“‘噢，我在吃树叶呢。你知道的，有点凉。’

“‘嗯嗯，我知道。’

“‘是的呢。’

“现在，格蒂和格雷格成了好朋友。整个森林变得越来越绿，越来越绿。啊！整个森林都变成了幼虫的天堂。”

我停了一秒钟来说明这个显而易见的事实，那就是到目前为止几乎什么都没有发生。这个故事无聊到极点，但孩子们高兴极了。我发怪声，扮怪相，一惊一乍的，正合他们心意。因为我们是朋友，所以讲了什么并不重要。只是在树荫下吃午饭，然后听信任的人讲故事就足够了。而且，孩子们了解我讲故事的套路。他们知道故事会有结果的。期待是甜蜜的。

“终于有一天，格蒂累了。真的累了。她已经累得，哇哦，连头也抬不起来了。整个身体都耷拉着。”我的头也丁零当啷的。“所以，她也不知道为什么，就对自己说，‘我要挂在这根树枝上。’”我耸了耸肩，换了个语气说：“‘快来，格蒂。你在干什么呢？’但是格蒂没听到，她在做自己的事。”

“嗯……”我慢慢降低音量，变得严肃起来，“孩子们，格蒂根本不知道发生了什么。她睡着了，而且在睡梦中，她的整个身体都变得很僵硬，硬得像个壳。格蒂就这么挂在那儿，一动不动。但是在里面，”我把眼睛睁得大大的，“在里面，她的整个身体好像变软了。就像……就像里面是燕麦粥，软软的，很温暖。我不知道发生了什么，格蒂也不知道。但是孩子们，这就像你们看过的最神奇的魔法一样，格蒂是树枝上的硬物，但内里又是柔软的，我甚至都不知道格蒂在哪儿！她就这样持续了很长时间。格蒂睡觉时，还做了一个梦。”我停了停，表情僵硬而严肃。

“你们知道梦里发生了什么吗？”几个孩子摇了摇头。我也左右摇了摇脑袋，露出伤感的微笑。

“好吧，我们一起来看看。梦里，格蒂在森林里遇到了一位仙子。仙子会飞，真酷啊！仙子飞了下来对格蒂说：‘格蒂，我有个非常重要的消息要告诉你，你有重要的工作要做。’格蒂有点儿紧张，但她继续听着。‘格蒂，’仙子一脸严肃地说，‘当你醒来时，地球母亲要求你照看孩子们，确保他们的安全。’然后仙子转过身，格蒂看着她飞走了。

“咳……格蒂醒了。仿佛她离开了几个月，又或者几年，但实际上才过了几周而已。把格蒂吵醒的声音，那个噼啪声，来自格蒂的身体。你们明白我的意思吗？格蒂的身体，就……折了。

“格蒂很困，也很害怕。最后，她打了个哈欠，伸了个懒腰，”讲到这时，我模仿着做出了这些动作，“而且格蒂……等等……有些不太对。格蒂看着自己的手臂，然后开始思考，‘等等，我之前没有手的。’嗯？但是总之，现在格蒂的手臂……嗯？那也不是手臂。”孩子们都扭过头，面面相觑，眼神里透露出“格蒂是蝴蝶”的想法。

“格蒂张开她已经变成了翅膀的双臂，她的身上还有点湿漉漉的。格蒂挂在树枝上，刚刚醒过来，然后慢慢回过神。你们知道睡了几周后醒来是什么感觉吗？格蒂放眼看去，发现世界比以前更绿了。现在不仅草地全绿了，灌木丛也碧绿碧绿的。哇！是孩子们，树枝上面还有花朵！树木高大、枝繁叶茂，绿树成荫，河水汩汩流淌。现在格蒂醒了，她想起来了。她回来了，美丽又坚强地回来了。

“格蒂坐在树枝上，其实是吊着，然后她仿佛看到了什么。嗯，另一边的树枝在上下摆动。格蒂转过头去看，但她仍然不知道那是什么，只是闻起来还挺香的。她又看了看，树枝还在上下摆动，但还是看不清楚，格蒂决定走过去，但就在她要走的时候……呼！

“格蒂的整个身体腾空而起。她将胳膊缩回身体，太棒了！她飞起来了。这是格蒂做过的最美妙的事了。她只是随风飘荡，飞舞盘旋，就好像风推着她，但其实她也驾驭着风。太神奇了！格蒂看到了那根树枝，她稍微收了一下手臂，一路下滑，落在了上面。这里到处都是花，盛开的小白花，甜香醉人。她看了看，然后大笑起来。是格雷格！格雷格挂在树枝上，正在从什么东西里爬出来。

“‘格雷格！’格蒂说道，‘你去哪儿了？’

“‘我？’格雷格瞪大眼睛问道，‘等等，等一下。’格雷格说话的同时张开了一对翅膀，然后又合上了。‘格蒂，我做了个神奇的梦。我正在睡觉，然后一个仙子飞了过来。她说我得做些什么事情。’”孩子们又开始你看看我，我看看你。

“‘真的吗？’格蒂说道，‘我也做了个梦。是那个仙子吗？’

“‘孩子们，’格雷格说道，‘我应该照看孩子们！’

“‘并保证他们的安全？’格蒂说道，‘格雷格，我也做了这个梦。’”

我看到孩子们张大了嘴巴，露出惊喜之情。此刻，一切都在故事里：我、西尔克、格蒂、格雷格、孩子们，还有森林。

“现在你们知道发生什么了吧？！格蒂和格雷格羽化成蝶，在野生红加仑灌木丛中翩翩起舞着。整个世界满是灌木、鲜花与美食，好极了！香极了！你们看，他们飞来飞去，大概有成百上千甚至成千上万只小蝴蝶在飞舞。还有孩子们。孩子们在嬉戏，蝴蝶一边翩翩起舞，一边看着孩子们。你们知道了吧？蝴蝶在照看孩子，保证他们的安全。这样的场景持续了很久很久。蝴蝶，孩子，欢闹，真好！”

我停下来，孩子们抬头看着我。他们能从我的声音中听出，故事要结束了。

人们很容易质疑这个故事的力量。对有些人来说，这个故事有点矫饰；对另一些人来说，对话似乎太多了。我不会建议大家都这样讲故事，这只是我的方式。这就是我，喜欢装傻，留给孩子们明显的理由来质疑我。这样能让他们偷笑，并自己判断故事的真实性。希望各位在读这本书时也有同样的感受——讲故事是你自己说了算的。我们介绍的方法只是有用的框架，里面仍有很大的发挥空间，因为地球上有多少人，就有多少种不同的表达方式。

休息完毕，孩子们走进了那片蝴蝶飞舞的田野。他们的眼睛亮了起来。蝴蝶还在飞来飞去，红加仑灌木丛也没什么变化。孩子们有理由质疑老师的愚蠢故事，但真实性并不是重点。只要孩子们会好奇是否有一群蝴蝶正在照看他们，哪怕只有一瞬间也足够了；或者，能吸引孩子们的注意力，让他们注意到自己早先忽略了的蝴蝶就足够了。然而，毫无疑问，最显著的效果莫过于，当我们从树林走进蝴蝶园时，孩子们洋溢着分享的喜悦，老师们也一脸慈爱。这些都是最真实的表现。

跋

我们的目标是父母、教师和其他看护人能够利用故事和孩子建立长久的亲密关系。我们希望本书能够对你有所启发。如果你还没开始讲故事，我们希望本书会是一份邀请。没有什么方法比定期练习更能锻炼讲故事技巧的了。每章结尾的练习都是不错的开始。你要坚信讲故事的能力是与生俱来的，等你慢慢熟练，就会知道自己是有这份天赋的。

当然，我们在本书中呈现的一切绝非讲故事的全部内容。我们只是为工作繁忙的父母提供一本简短的阅读手册，其中包括容易操作的方法和好记的步骤。我们做到了吗？希望能收到你们的反馈。

www.howtotellstoriestochildren.com

facebook.com/howtotellstoriestochildren

祝好！

西尔克 约瑟夫

致　谢

本书是多位故事讲述者的合力之作。感谢多年来和我们一起讲故事的孩子们，感谢小矮人、地球儿童幼儿园，以及所有我们遇见的老师和家长。感谢我们的孩子，感谢我们的父母，感谢我们无名的先祖，是他们给予了我们讲故事的天分。

我们尤其要感谢艾利森 · P.布朗（Alison P. Brown）；埃米 · W.霍普（Amy W. Hope）；安德烈娅 · B.（Andrea B.）；安杰拉 · 普雷蒂（Angela Prettie）；安格利卡 · 海考斯（Angelika Heikaus）；艾莎 · 坎迪 · 克鲁兹（Ayesha Candy Cruz）；贝丝 · 加勒廷（Beth Gallatin）；布兰登 · 赫布利（Brandon Hubley）和若利（Jolie）、迪德尔

（Diedre）、南希（Nancy）、卡林（Karleen）、马修（Matthew）、卡罗琳（Caroline）和珍（Jean）；布罗克·安德森（Brock Anderson）；蔡斯（Chase）、雷切尔（Rachel）和奥尔多·斯特尼斯（Aldo Stearnes）；戴蒙·麦克莱恩（Damon McLean）；丹·布罗德尼克（Dan Brodnik）；达娜·克莱珀-史密斯（Dana Klepper-Smith）；丹尼尔·洛德威格（Daniel Lodwig）；达尼埃尔·阿夫杜（Danielle Avdul）；达尼埃尔·弗里曼（Danielle Freeman）；德温·鲍威尔（Devin Powell）；黛安娜·里科（Diana Rico）；黛安娜·辛格曼（Diane Singerman）；埃德·尼尔（Ed Neal）和休·刘易斯（Sue Lewis）；埃米莉·凯达尔（Emily Kedar）；埃玛·阿瓦洛斯（Emma Avalos）和塞思·布洛尔斯（Seth Blowers）；叶里恩·基尔卡伦（Erinn Kilcullen）；弗朗西斯·斯库利（Francis Scully）；弗雷亚·马尔科夫斯基（Freya Markowski）；吉尔伯特·雷诺（Gilbert Renault）；格伦·卡尔伯格（Glen Carlberg）；格雷丝·艾弗森（Grace Iverson）；因

卡·马尔科夫斯基（Inka Markowski）；伊琳娜·泽尔斯（Irina Sels）；贾伊（Jai）和简·克罗斯（Jan Cross）；贾里德·克劳斯（Jared Krause）；让·福利（Jenn Foley）；珍妮·科斯特奇·肖（Jenny Kostecki Shaw）和帕特里克·肖（Patrick Shaw）；杰茜卡（Jessica）和玛特·琼斯（Matt Jones）；乔·普卢默（Joe Plummer）；约瑟夫（Joseph）和米切莱纳·麦克弗森（Michelena McPherson）；卡拉·安德烈森（Kara Andresen）；卡伦·莫拉韦克（Karen Moravek）；卡特·麦凯（Katy McKay）；肯德拉·阿德勒（Kendra Adler）；拉里·威斯纳（Larry Wiesner）；林赛·E.南丝（Lindsay E. Nance）；洛蕾塔·尼尔（Loretta Neal）；卢（Lou）和简·布罗德尼克（Jane Brodnik）；马林达（Malinda）；马西·安德鲁（Marcy Andrew）；玛格丽特·布鲁斯特（Margaret Brewster）；玛丽·塔拉（Mari Tara）；玛丽·古德温（Marie Goodwin）；马克·狄克逊（Mark Dixon）；马修·瑞安（Matthew Ryan）；米谢勒·博奇亚

（Michele Boccia）；米歇尔·威廉斯（Michelle Williams）；迈克·庞弗里（Mike Pumphrey）；米拉拜·斯塔尔（Mirabai Starr）和甘加·达斯·利特尔（Ganga Das Little）；南希·麦克丹尼尔（Nancy McDaniel）；保拉·马鲁西奇（Paola Marusich）；保罗·鲁迪（Paul Rudy）；保罗·瓦普内（Paul Wapner）；彼得·布罗德尼克（Peter Brodnik）；菲利普（Philip）和帕特里夏·卡明斯（Patricia Cummings）；蕾切尔·佩恩（Rachael Penn）；雷·哈尔德（Rae Halder）；伦奈·安德森（Renay Anderson）；勒妮·安杰莱·梅森（Renee Angele Mason）；罗伯塔·沙普尔斯（Roberta Sharples）；罗恩·博伊德（Ron Boyd）；萨莉·A.博伊德（Sally A. Boyd）；萨曼莎·布罗迪（Samantha Brody）；萨蒂德夫（Satyadev）；塞娜·拉顺–马亨德拉（Sena Rasun-Mahendra）；塞夫纳普（Sevenup）；斯图尔特·斯坦（Stuart Stein）；特蕾西·凯茨（Tracy Cates）；茨瓦内特·哈明（Zwanet Hamming）。

感谢珍妮·科斯特奇－肖（Jenny Kostecki-

Shaw）一路以来的帮助，感谢布里奇特·瓦格纳·马齐（Bridget Wagner Matzie）帮助我们赋予这本书丰富的意义，感谢简·弗里德曼（Jane Friedman）的宝贵建议，感谢萨拉·佩尔茨（Sarah Pelz）和霍顿·米夫林·哈考特出版社（HMH）的所有员工，是你们让这本书成为一笔宝贵的财富。